Christoph Strohm

Kulturwirkungen des Christentums?

ARTIBUS INGENIIS
J·G·B·M·
1·8·0·1

Christoph Strohm

Kulturwirkungen des Christentums?

Betrachtungen zu Thomas Karlaufs *Stauffenberg* und Jan Assmanns *Totaler Religion*

Mohr Siebeck

Christoph Strohm, geboren 1958; Studium der Ev. Theologie und Geschichte; 1987 Promotion; 1995 Habilitation; 1996–2006 o. Professor für Kirchengeschichte an der Ruhr-Universität Bochum; seit 2006 o. Professor für Kirchengeschichte an der Universität Heidelberg; seit 2017 Leiter der Forschungsstelle „Theologenbriefwechsel im deutschen Südwesten 1550–1620" der Heidelberger Akademie der Wissenschaften.

ISBN 978-3-16-160126-2 / eISBN 978-3-16-160127-9
DOI 10.1628/978-3-16-160127-9

Die Deutsche Nationalbibliothek verzeichnet diese Publikation in der Deutschen Nationalbibliographie; detaillierte bibliographische Daten sind über *http://dnb.dnb.de* abrufbar.

Das Buch wurde von Martin Fischer in Tübingen gesetzt.

Printed in Germany.

Vorwort

Kulturwirkungen des Christentums stehen gegenwärtig nicht im Zentrum der Aufmerksamkeit. Gründe dafür sind unter anderem der Rückgang kirchlicher Bindungen und der Gestaltwandel der Religion in Mitteleuropa. Das vorliegende Buch sucht zu zeigen, dass gerade heute kulturelle Wirkungen des Christentums als Thema der Historiographie in besonderer Weise zu beachten sind. Denn die abendländische Geschichte, die Genese der westlichen Zivilisation lässt sich bis in die jüngere Vergangenheit ohne ihre Berücksichtigung nicht angemessen verstehen. Gleichwohl sind erhebliche Unklarheiten und auch Unsicherheit im Blick auf Gegenstand wie Methode der Erforschung der kulturellen Prägekraft des Christentums festzustellen. Im Folgenden werden zwei historiographische Arbeiten, die in den letzten Jahren große Aufmerksamkeit gefunden haben, vorgestellt und im Blick auf ihre expliziten und impliziten Urteile in der Sache analysiert: Thomas Karlaufs anlässlich der 75-jährigen Wiederkehr des Attentats vom 20. Juli 1944 im Jahr 2019 erschienene Biographie Claus von Stauffenbergs und Jan Assmanns Thesen zur Wirkungsgeschichte des mosaischen Monotheismus unter dem Titel *Totale Religion. Ursprünge und Formen puritanischer Verschärfung*, zuletzt 2018 neu aufgelegt.

So unterschiedlich Gegenstand und Methode dieser Werke sind, so aufschlussreich sind sie für die gegenwärtigen Schwierigkeiten im Umgang mit den kulturellen Wirkungen des Christentums in der Geschichte. Der große Anklang, den die Bücher weit über die Fachgrenzen hinaus im Feuilleton gefunden haben, bietet zudem die Chance, dem Geist der Zeit auf die Spur zu kommen. Eine solche Analyse sollte nicht erfolgen, ohne dass der Autor selbst seine eigenen Zugänge offenlegt und kritisch darauf reflektiert. So geht es in der vorliegenden Studie auch darum, einen Beitrag zur Frage nach den Aufgaben des Kirchenhistorikers in der Gegenwart zu leisten.

Ich danke dem alttestamentlichen Kollegen Rainer Albertz, der das Manuskript auf die angemessene Berücksichtigung der neueren Diskussion in seinem Fach hin geprüft hat. Dem Historiker Eike Wolgast danke ich aufrichtig für die kritische Durchsicht des Textes. Seit vielen Jahren habe ich nun die Chance, ihm im Zuge der Forschungen der Heidelberger Akademie der Wissenschaften eng verbunden zu sein. Ich weiß mich privilegiert, mit einem solchen Gelehrten und unbestechlichen Charakter zusammenarbeiten zu dürfen. Ihm sei die Abhandlung zum 85. Geburtstag gewidmet.

Stud. theol. et phil. Isabel Raudonat hat in bewährter Weise Korrektur gelesen, ebenfalls stud. theol. et phil. Paula-Marie Seibt. Die Register hat stud. theol. Aaron Klaaßen angefertigt. Der Evangelischen Kirche in Deutschland und der Union Evangelischer Kirchen in der EKD danke ich für einen Zuschuss zu den Druckkosten.

Heidelberg, 10. Januar 2021 — Christoph Strohm

Inhaltsverzeichnis

Einleitung

Im Anschluss an eine Stunde der kirchengeschichtlichen Überblicksvorlesung im Wintersemester 2018/19 erzählte mir eine ältere Gasthörerin folgende Geschichte: Sie habe am vergangenen Montag einen Vortrag im Rahmen des Studium Generale der Universität Heidelberg „Kulturelles Erbe“ gehört. Der Vortrag sei dem Thema „Unerwünschtes Kulturerbe? Zum Umgang mit dark heritage“ gewidmet gewesen. Es ging zum Beispiel um von den Nationalsozialisten angelegte Thingstätten. In der anschließenden Diskussion sei dann ein Mann aufgestanden und habe sehr emotional gefordert, man müsste die Kirchen angesichts all des Fanatismus, der Gewalt und sonstiger Verbrechen, die im Namen des Christentums geschehen seien, auch zum „dark heritage“ erklären. Dann meinte die Hörerin, sie sei erstaunt gewesen, dass weder die Referentin noch ein auf dem Podium beteiligter Historiker etwas Substantielles zur Entkräftung dieser massiven Kritik beizutragen hatte.

Diese Geschichte ist in mehrfacher Hinsicht ebenso repräsentativ wie bezeichnend. In der öffentlichen Debatte der Gegenwart gibt es ein hohes Maß an Bewusstsein im Blick auf die Ambivalenzen des Christentums in der Geschichte. Das ist Folge verstärkter Forschung und vertiefter Kenntnis in den Geschichtswissenschaften. Es ist aber zugleich auch schlichter Ausdruck der verstärkten Wahrnehmung problematischer Gestalten von Religion in der Gegenwart. Man muss fast wöchentlich Gewalttaten, die im Namen der Religion begangen werden, zur Kenntnis nehmen. Auch wenn das Phänomene sind, die zumeist außerhalb Europas zu beobachten sind, prägen sie ebenso die Wahrnehmung der Religion in Mitteleuropa, wo sich das Christentum im Lauf der Jahrhunderte zu einer Gemeinwesen-kompatiblen Religionsform, einer im Vollsinn des Wortes „civilisierten" Religion entwickelt hat.

Wenn man sich an der Universität außerhalb der Theologischen Fakultäten mit dem Christentum befasst, ist inzwischen eine problembewusst-kritische und oft auch grundsätzlich negative Wahrnehmung vorherrschend. Geht es um die Folgen der Reformation, denken Historikerinnen und Historiker zuvorderst an Konfessionsspaltung und den Dreißigjährigen Krieg.[1] Dass die aus der Reformation resultierende Konkurrenz der Konfessionen eine enorme kulturelle Dynamik, wie das zum Beispiel im Bildungswesen sichtbar wird,[2] hervorgerufen hat, wird seltener beachtet. Ebenso wenig ist im Bewusstsein, dass der Konflikt religiös unbedingter Wahrheitsansprüche durch Religionsgesetzgebungen wie den Kappeler Frieden von 1531, den Augsburger Religionsfrieden von 1555 oder den Westfälischen Frieden von 1648 rechtlich eingehegt wurde und damit ein wichtiges Movens der Rechtsentwicklung gewesen ist.[3] Die Entstehung der Disziplin des öffentlichen Rechts an den Universitäten als eine durch

---

[1] Vgl. z. B. Bendikowski 2016 („Der deutsche Glaubenskrieg").

[2] Am Beispiel des Bildungswesens in Schlesien: Absmeier 2011; vgl. Strohm 2017; Dienst 2019.

[3] Vgl. Heckel 2013, bes. S. 227; Heckel 2016, S. 33–43.

die Konfessionsspaltung mitverursachte Errungenschaft ist eben auch im Bewusstsein zu bewahren.[4]

Anlässlich des 500-jährigen Reformationsjubiläums 2017 schrieb der wissenschaftliche Beirat, der die Evangelische Kirche in Deutschland in dieser Sache beriet, die Preisfrage „Welchen Beitrag hat der Protestantismus zur Formierung der westlichen Zivilisation geleistet?" aus. Schon der Sachverhalt, dass eine solche Frage gestellt wurde, löste heftigen Protest aus. Der Historiker Heinz Schilling kommentierte die Preisfrage in der *Süddeutschen Zeitung* mit folgenden Worten: „Für die einen ist der Wittenberger Reformator ein ‚Ketzer' und soll es weiter bleiben, so einzelne Stimmen aus Rom. Die andern rüsten Luther wieder einmal politisch auf und stellen – natürlich nicht mehr seine nationalen Verdienste – so doch seinen ‚Beitrag zur Formierung der westlichen Zivilisation' ins Zentrum, so die an junge Wissenschaftler gerichtete Preisfrage der EKD."[5] Schon eine solche Frage zu stellen, wird aus Sorge vor einer Wiederauferstehung der Kulturkampfgeschichtsschreibung tabuisiert.

Die Deutung der Rolle des Christentums in der Geschichte ist in erheblichem Maß durch die persönlichen Erfahrungen und die Wahrnehmung der Religion in der Gegenwart, welche Historikerinnen und Historiker eintragen, bestimmt. Das reicht von identifikationshermeneutischen Zugängen, wie sie in der konfessionell ausgerichteten Kirchengeschichtsschreibung verbreitet sind, bis zu den Entwürfen einer *Kriminalgeschichte des*

---

[4] Vgl. Stolleis 1988, S. 126–146, 155 f. und 394 f.; Strohm 2008, S. 315–438.

[5] Schilling 2016, S. 12.

Christentums,[6] die nicht weniger vorurteilsgeleitet sind, hier aber unter negativem Vorzeichen. Innerhalb dieses Spektrums finden sich die unterschiedlichsten Deutungsmodelle mit jeweils eigenen Nuancierungen. Gegenwärtig am intensivsten rezipiert und diskutiert sind die Forschungen des Heidelberger und Konstanzer Ägyptologen, Kulturwissenschaftlers und Religionstheoretikers Jan Assmann. Er hat in zahlreichen Schriften einen wirkungsgeschichtlichen Zusammenhang von Monotheismus und Gewalt-fördernder Sprache zu belegen versucht. Assmann verbindet das mit der Würdigung eines Moderne-fähigen, durch die Aufklärung gereinigten Christentums.[7]

Eine wachsende Dynamik erlangt die grundlegende Neubewertung der kulturellen Folgen des Christentums in den sog. Postcolonial Studies seit dem Ende des 20. Jahrhunderts. Diese Forschungsrichtung ging ursprünglich aus einer Literatur- und Kulturkritik, die sich eng am Poststrukturalismus orientierte, hervor. Hier wird das Christentum im Kontext einer historischen Kolonialismusanalyse wahrgenommen.[8] Es geht nicht nur um die kolonisierten Regionen, sondern das Interesse gilt ebenso dem kolonialisierenden Europa. Das kulturell wirksame Christentum wird fast ausschließlich als Teil asymmetrischer Machtkonstellationen und hierarchischer Repräsentationen, die es zu dekonstruieren gilt, gedeutet. Die Vielfalt der kulturellen Folgen des Christentums gerät angesichts einer Ausrichtung auf die Überwindung eurozentrischer Wissensordnungen und Repräsentationssysteme aus dem Blick. Sprach- und wirkkräftig hat der

---

[6] Vgl. DESCHNER 1986–2013.

[7] Siehe dazu eingehend unten Abschn. 3.

[8] Zur Übersicht vgl. FISCHER-TINÉ 2010.

kamerunische Historiker und Philosoph Achille Mbembe die Folgen dieses Geschichtsbilds auf den Begriff gebracht. In seinem Werk *Kritik der schwarzen Vernunft* wird die Welt des Sklavenhandels und der Plantagen- oder Bergbaukolonien zum „Taufbecken unserer Moderne" erklärt.[9] Die kulturellen Folgen nicht nur des Christentums, sondern auch der westlichen Aufklärung können hier nurmehr mit sehr verengtem Blick wahrgenommen werden.

Schließlich ist die Hilflosigkeit im Blick auf die Bewertung der Geschichtsmächtigkeit von Religion, die sich in der jüngeren Generation ausbreitet und die in der eingangs erzählten Episode anschaulich wird, zu thematisieren. Wenn weder persönliche Erfahrung mit Religion noch grundlegende Kenntnis kirchlicher Lehre und Praxis vorhanden sind, wird es ungleich schwerer, die Rolle der Religion in der Biographie von Akteuren früherer Jahrhunderte einzuschätzen oder die prägende Wirkung eines christlichen Ethos auf allen Ebenen des Gemeinwesens in der Frühen Neuzeit zu fassen. Die Auswirkungen des Klimas auf die Geschichte sind heute leichter konsensfähig zu erläutern als diejenige von Religion und Konfession.

Max Webers vor über hundert Jahren im Blick auf die Erforschung der Frühen Neuzeit formulierte Mahnung ist aktueller denn je:

„[...] in einer Zeit, in welcher das Jenseits alles war, an der Zulassung zum Abendmahl die soziale Position des Christen hing, die Einwirkung des Geistlichen in Seelsorge, Kirchenzucht und Predigt einen Einfluß übte, von dem – wie jeder Blick in die gesammelten ‚consilia', ‚casus conscientiae' usw. ergibt – wir modernen Menschen *uns einfach keine Vorstellung mehr*

[9] Mbembe 2014, S. 33.

zu machen vermögen, sind die in *dieser Praxis* sich geltend machenden religiösen Mächte die entscheidenden Bildner des ‚Volkscharakters'."[10]

Die skizzierte Forschungslage zur Frage der kulturellen Wirkungen des Christentums illustriert einen zweifachen Befund. Zum einen könnten die Positionen kaum unterschiedlicher oder gar gegensätzlicher sein. Zum anderen zeigt es sich, dass hier in hohem Maß Werturteile zum Tragen kommen. Eine kritische Reflexion auf die eigenen Grundentscheidungen scheint dringend geboten. Das trifft für Kirchenhistorikerinnen und Kirchenhistoriker ebenso zu wie für alle anderen Historiographen. Sie müssen sich einerseits ihre eigene besondere Gefährdung durch Standpunktgebundenheit und Apologetik vor Augen halten. Andererseits haben sie die Gesprächspartner auf die ja ebenfalls vorhandenen, häufig genug nicht ausgewiesenen weltanschaulichen Bindungen aufmerksam zu machen.

So hat der Kirchenhistoriker in einem ersten Schritt Rechenschaft über seine spezifischen Werturteile und methodischen Präferenzen zu geben. Dann sollen zwei Fallstudien helfen, das Dickicht im Irrgarten der Kulturwirkungen des Christentums zu lichten. Für die Erörterung ausgewählt werden zwei sehr unterschiedliche Sachverhalte. Zuerst werden die neueren Forschungen zum Widerstand gegen Hitler, insbesondere Thomas Karlaufs zur 75-jährigen Wiederkehr des Attentats vom 20. Juli 1944 erschienene Biographie Claus Graf von Stauffenbergs, analysiert. Dabei zeigt sich ein für die Gegenwart charakteristisches Problem: die mangelnde Fähigkeit und Bereitschaft, religiös-ethischen Orientierungen Geschichtsmächtigkeit zuzuerkennen bzw. deren Wahr-

---

[10] Weber 1986, S. 162 f.

nehmungs- und Handlungs-steuernde Kraft zu berücksichtigen.

In einem zweiten Schritt werden Jan Assmanns Thesen zum Zusammenhang von Monotheismus bzw. Monotheismus der Treue oder auch „totaler Religion“ und Gewalt in Wort und – letztlich auch – Tat erörtert. Im Zentrum seiner Argumentation stehen einzelne Texte des Alten Testaments. Hier wird ganz im Gegensatz zur Widerstandsforschung Religion bzw. heiligen Texten eine erhebliche und problematische Wirkmächtigkeit in der Geschichte zugesprochen. Assmanns Thesen werden wie die Stauffenberg-Interpretation Karlaufs vorgestellt und kritisch geprüft. Darüber hinausgehend muss wenigstens exemplarisch die langfristige Wirkungsgeschichte der von Assmann bevorzugt herangezogenen Bibeltexte analysiert werden. Denn nur so lässt sich die Willkür eines Urteils vermeiden, das an der Zufälligkeit der herausgegriffenen wirkungsgeschichtlichen Zeugnisse hängt.

Die beiden Fallstudien zum Thema „Kulturwirkungen des Christentums“ wurden gewählt, weil jeweils unterschiedliche Grundentscheidungen zur Wirkung kommen. In dem einen Fall wird Religion bzw. Christentum faktisch keine Kulturwirkung zugesprochen. Im anderen Fall werden weitreichende kulturgeschichtliche Folgen einzelner Bibeltexte bzw. des zugrundeliegenden Religionskonzepts postuliert. Der hier zum Ausdruck kommende Widerspruch ist offenzulegen. Die Auswahl der Fallstudien ist ferner durch die interessante Rezeptionsgeschichte der zu analysierenden Werke motiviert. Insbesondere Assmanns Forschungen haben einen außerordentlich großen Widerhall gefunden. Es gibt kaum einen Autor im geisteswissenschaftlichen Bereich, der mit seinen Werken ähnliche Auflagen erzielt und Preise zuerkannt bekommt. So sind auch die Gründe der erstaunlichen Attraktivität und Plausibilität der vorgetragenen Deutungen zu erforschen. Auf diesem Weg eröffnen sich schließlich Möglichkeiten einer kritischen Beurteilung selbstverständlicher Wahrnehmungen und Wertungen in der Gegenwart.

All das erfordert die Bereitschaft zur kritischen Reflexion auf die eigene Standortgebundenheit. Angesichts der massiven Auswirkung von Werturteilen bis hin zu ganz persönlichen Präferenzen, die hier in der einen oder anderen Richtung sichtbar werden, gilt es, mit besonderer Sorgfalt auf methodische Klarheit zu achten.

1 Rechenschaft des Kirchenhistorikers

Ein Kirchenhistoriker ist ein Historiker, der zugleich Theologe ist. Kirchenhistorikerinnen und Kirchenhistoriker wenden die gleichen Methoden wie Allgemeinhistoriker an. Auch die Fragestellungen sind nicht grundsätzlich verschieden, sondern überschneiden sich weitgehend. Das verbindet den Kirchenhistoriker zum Beispiel mit dem Wirtschaftshistoriker oder dem Militärhistoriker. Besonderes Interesse gilt der Entwicklung der Lehrbildung der Kirche, der Auslegungsgeschichte der Bibel, den Soziallehren des Christentums, der institutionellen Ausgestaltung sowie dem Verhältnis von Kirche und Staat bzw. der Rolle des Christentums im weltlichen Gemeinwesen. Darüber hinaus werden gerade in jüngerer Zeit verstärkt die kulturellen Wirkungen der verschiedenen Konfessionen und Christentümer untersucht. Lassen sich zum Beispiel Zusammenhänge zwischen einzelnen Religionen oder Konfessionen und verstärkter Gewaltbereitschaft aufzeigen?

Das Spezifische des Kirchenhistorikers im Vergleich zum Allgemeinhistoriker ist der Sachverhalt, dass er zugleich als Theologe ausgebildet ist. Das wirkt sich auf seine besonderen Kompetenzen aus, zeigt sich im institutionellen Kontext seines Wirkens und ist mit besonderen Intentionen und Interessen als Wissenschaftler verbunden. Zur Ausbildung gehört eine eingehende Schulung in der Auslegung der biblischen Texte Alten und

Neuen Testaments. In den exegetischen Proseminaren lernt er oder sie die textkritische Sicherung eines Textes zu erfassen, die Folgen des Übergangs von mündlicher zu schriftlicher Überlieferung für den Inhalt des Textes, Traditions-, Form-, Gattungs- und Redaktionsgeschichte sowie den Sitz im Leben eines Textes für die Interpretation heranzuziehen. Bei allen Chancen solcher Qualifikation ergibt sich gleichsam ausbildungsbedingt eine gewisse Textlastigkeit bei der historiographischen Arbeit. Sie ist kritisch zu bedenken. Weiterhin verschafft das Studium der Grundfragen der Theologie in der abendländischen Philosophie- und Theologiegeschichte das Rüstzeug, um über die Dogmen- und Kirchengeschichte im engeren Sinn hinaus andere Bereiche der Geschichte wie die Kunst-, Literatur- und Geistesgeschichte zu verstehen.

Der institutionelle Kontext einer Theologischen Fakultät bedeutet die Mitwirkung an der gemeinsamen Ausbildung der Geistlichen und der Religionslehrerinnen und -lehrer. Schon dies zwingt den Kirchenhistoriker dazu, das Gespräch mit den anderen Disziplinen der Theologie zu führen, neben den exegetischen Fächern auch mit der Systematischen Theologie, Religionswissenschaft und der Praktischen Theologie. So ist der Kirchenhistoriker, der Luthers reformatorische Entdeckung im Zuge seiner Beschäftigung mit dem Apostel Paulus untersucht, mit den Deutungen der Theologie des Paulus durch gegenwärtige Bibelausleger konfrontiert.

Das führt unmittelbar zum Spezifikum der wissenschaftlichen Arbeit des Kirchenhistorikers, der nicht nur Historiker, sondern auch Theologe ist. Als Theologe sucht er an der Klärung der Frage mitzuwirken, welche Bedeutung, Gestalt und Relevanz das christliche Erbe in der Gegenwart hat. Das erfolgt in zweifacher Weise, in kritischer und in konstruktiv-bekräftigender Weise. Kritischer Einspruch ist zu erheben, wenn die Aktualisierung christlicher Lehre historiographischer Erkenntnis zuwiderläuft. Wenn zum Beispiel im Zusammenhang des 500-jährigen Reformationsjubiläums Luthers Wiederentdeckung der biblischen Lehre von der Rechtfertigung allein aus Glauben zur Botschaft von der Annahme des Menschen durch Gott, ohne Aufrechnung des Versagens in einer Leistungsgesellschaft mit all seinen Schwächen gewandelt wird, hat der Kirchenhistoriker auf die damit gegebene kräftige Verkürzung hinzuweisen. Er sollte sich jedoch nicht mit der kritischen Pose vom Katheder herab begnügen. Vielmehr gehört es zu seinen Aufgaben, mit seiner historiographischen Kompetenz auch einen Beitrag zu einer sachgemäßeren Aktualisierung von Luthers Rechtfertigungslehre zu leisten. Er könnte auf vergessene bzw. vernachlässigte Passagen in der Schrift *Von der Freiheit eines Christenmenschen* hinweisen, die eine Plausibilisierung in der Gegenwart erleichtern.

Ein solches Bemühen um Aktualisierung evangelischer Theologie in der Gegenwart ist Aufgabe des Theologen mit historischer Kompetenz und überschreitet das Aufgabengebiet des Historikers. Es gefährdet sogar die notwendige Ergebnisoffenheit, die den Historiker bei der Formulierung seiner Hypothesen leiten muss. Auf dieses Problem zu reflektieren, gehört zu den elementaren Anforderungen der Arbeit eines Kirchenhistorikers. Angesichts seiner Doppelexistenz als Historiker und Theologe hat er gleichsam tagtäglich zu leisten, was jede Historikerin und jeder Historiker praktizieren sollte: die kritische Reflexion auf die eigene Standortgebundenheit, den Anteil der eigenen Fragestellungen an den Vorgaben des Zeitgeistes, die Mitwirkung an erwarteten Legitimationszwecken sowie den von der Gesellschaft erwarteten „Transfer", der allein die materielle Existenz des geisteswissenschaftlich Forschenden rechtfertigen soll.

Neben der Notwendigkeit einer ständigen kritischen Reflexion auf die eigene Standortgebundenheit ist ein zweiter Sachverhalt für den Kirchenhistoriker in der Gegenwart charakteristisch. Angesichts einer signifikanten und beschleunigten Reduktion der Kenntnis von Praxis und Theorie christlicher Religion ist seine besondere Kompetenz in dieser Sache heute mehr denn je gefordert.

Das wird im Folgenden an der Erforschung des Widerstands Claus Schenk Graf von Stauffenbergs gegen Hitler und anderer Personen in seinem Umfeld exemplarisch vorgeführt. Der Gegenstand eignet sich in besonderem Maß, da der Mangel an erhaltenen Quellen, die über Charakter, Zeitraum und Motive der Entscheidung zum Widerstand Aufschluss geben können, die Rolle christlicher Religion dabei leicht verschwinden lässt. Stattdessen werden gegenwärtigen Historikern vertraute und plausible Annahmen eingetragen. Der Kirchenhistoriker kann hier seine besondere Kompetenz im Blick auf Ethos, Gewissen, Religion, Konfession und deren kulturelle Wirkungen einbringen. Das hoffentlich eingeübte Bemühen, kritisch auf die eigenen Vorurteile und Prägungen, die ihn als Historiker leiten, zu reflektieren, sollte ihn für diese Aufgabe wappnen und ihn zugleich vor einer Überbewertung religiös-moralischer Aspekte warnen.

Das zweite gewählte Fallbeispiel kann den Mehrwert der vom Kirchenhistoriker geforderten kritischen Reflexion auf Standortgebundenheit und zu wählende Methoden in besonderer Weise verdeutlichen. Eine Analyse der Debatte um Jan Assmanns Thesen zum Zusammenhang von Monotheismus und Sprache der Gewalt legt erhebliche Prägungen und methodische Unklarheiten offen. Vor diesem Hintergrund erweist sich die Chance, die mit der Konstruktion, dass Historiker zugleich Theologen sind, gegeben ist. Denn hier muss ja nicht nur die eigene Standortgebundenheit bedacht, sondern zugleich eingeübt werden, den jeweiligen methodischen Zugriff zu profilieren. Im besten Fall ist das Ergebnis ein Forscher, der zugleich als ein methodisch reflektierter Historiker und ein historisch kompetenter Theologe arbeitet.

2 Stauffenberg ohne katholisches Christentum: eine Verlustgeschichte

Auf der Gedenkveranstaltung anlässlich der 75-jährigen Wiederkehr des Attentats auf Hitler am 20. Juli 2019 in der Frankfurter Paulskirche hielt der Verlagslektor, Literaturagent und Autor Thomas Karlauf den Hauptvortrag.[1] Grund der Einladung, zu diesem Anlass zu sprechen, war der Sachverhalt, dass er Anfang des Jahres eine vieldiskutierte Biographie Claus Schenk Graf von Stauffenbergs vorgelegt hatte.[2] Die Provokation des Werkes bestand darin, dass Karlauf Stauffenberg moralische oder religiöse Motive für seinen Entschluss zum Widerstand abspricht und das Attentat als einen allein militärischer Logik geschuldeten Militärputsch darstellt. Angesichts der drohenden Niederlage infolge einer katastrophalen militärischen Führung durch den Oberbefehlshaber Hitler hätte gerettet werden sollen, was noch zu retten war. Neben dieser allein militärischer Rationalität folgenden Herleitung zieht Karlauf dann doch eine Art „Tat-Ethos" zur Erklärung heran. Stauffenberg, der in jungen Jahren zum Anhänger des Dichters Stefan George geworden war, sei von diesem hierzu angeregt und geschult worden.[3] Ohne Georges prägenden Einfluss erscheint der Schritt

[1] Karlauf 2019b, S. 9.
[2] Karlauf 2019.
[3] Siehe unten Abschn. 2.3.

zum Attentat nicht erklärbar. Karlauf kann sogar die pointierte Rede von George als „geistigem Urheber" des Attentats vom 20. Juli 1944 aufnehmen.[4] So kommt es in Karlaufs Biographie zu einem eigentümlichen Schillern zwischen einer Erklärung des Widerstands bzw. Attentats durch Rückgriff auf militärisches Kalkül („Militärputsch") und einer recht unmittelbaren Herleitung aus einem George'schen Ethos. Karlauf selbst ist nicht nur ein ausgewiesener Kenner des Werkes Stefan Georges,[5] sondern war auch zehn Jahre lang Mitglied des in den 1940er Jahren von Wolfgang Frommel gegründeten George-Kreises *Castrum Peregrini* in Amsterdam.[6]

2.1 Zur Forschungsgeschichte

Karlaufs Stauffenberg-Deutung steht am vorläufigen Endpunkt einer Forschungsgeschichte, welche die Standortgebundenheit der Interpreten mehr oder weniger klar hervortreten lässt. Die ersten Darstellungen suchten der noch weiterwirkenden nationalsozialistischen Verunglimpfung in Gestalt der Rede von Stauffenberg als Kopf einer „kleinen ehrgeizigen und verbrecherischen Clique von Of-

---

[4] Siehe unten S. 40 mit Anm. 94.

[5] KARLAUF 2007. Auf dem Buchdeckel ist folgendes Urteil des damaligen Herausgebers der *Frankfurter Allgemeinen Zeitung*, Frank Schirrmacher, abgedruckt: „Diese Biographie lässt alles weit hinter sich, was in der letzten Zeit an literarischen Biographien erschienen ist." Vgl. auch ders. 2007.

[6] Karlauf ging zwei Monate nach dem Abitur im August 1974 nach Amsterdam (Art. „Thomas Karlauf" 2019). Über Wolfgang Frommel und seinen Amsterdamer Kreis ist in den letzten Jahren infolge von Missbrauchsvorwürfen eine heftige kontroverse Diskussion entbrannt (Art. „Wolfgang Frommel" 2019).

fizieren" zu begegnen.[7] Sie gingen Hand in Hand mit den Bemühungen, durch den Rückgriff auf „das andere Deutschland" einen Beitrag zur Entwicklung der politischen Kultur Westdeutschlands in der Nachkriegszeit zu leisten. Hier stand die Herausarbeitung der ethisch-moralischen Beweggründe und der religiösen Orientierung im Vordergrund. Buchveröffentlichungen trugen den Titel „Aufstand des Gewissens"[8], „Das Gewissen steht auf"[9], „Das Gewissen entscheidet"[10] oder „Die Vollmacht des Gewissens"[11]. Es kam zu Heroisierungen und Selbststilisierungen von Überlebenden, die ihre Rolle in der Widerstandsbewegung phantasievoll ausgestalteten.[12]

Im Jahr 1965 erschien die erste Biographie Stauffenbergs, die dessen langen Weg in den Widerstand mit Hilfe der Auswertung bis dahin nicht herangezogener Quellen nachzeichnete – die von dem Bonner Historiker Karl Dietrich Bracher betreute Dissertation Joachim Kramarz'.[13] Ihr folgten 1970 die ebenfalls bei Bracher erarbeitete umfangreiche Dissertation Christian Müllers[14] und 1992 die aus langjährigen Studien zum Widerstand hervorgegangene Biographie des in Montreal lehrenden deutschen Historikers Peter Hoffmann.[15] Daneben sind weitere Studien zu nennen. Bereits sehr früh hatte der den Brüdern Stauffenberg ebenso wie Georges Gedankengut

7 ROTHFELS 1948 und ^{3}1969.

8 Aufstand 1984.

9 LEBER 1954.

10 LEBER (Hg.) 1957.

11 Die Vollmacht 1956.

12 Exemplarisch: SCHACHT ^{3}1953; GISEVIUS 1964; HALDER 1962–64.

13 KRAMARZ (1965) 1994.

14 MÜLLER (1970) 2003.

15 HOFFMANN (1992) ^{4}2007.

verbundene Arzt Eberhard Zeller Stauffenberg gewürdigt. Dessen 1952 unter dem Titel „Geist der Freiheit" zum ersten Mal gedruckte Skizze verschiedener am Widerstand Beteiligter war die in den 1950er und 1960er Jahren wohl wirkungsreichste Würdigung der Opposition gegen Hitler.[16] Im Jahr 1994 hat Zeller die Seiten über Stauffenberg zu einem großen Lebensbild ausgearbeitet.[17] 2007 legte der langjährige Leiter der Gedenkstätte Deutscher Widerstand, Peter Steinbach, aus Anlass des 100. Geburtstags Stauffenbergs eine essayistische Annäherung vor, die 2015 in erweiterter Fassung neu gedruckt wurde.[18] Unter den zahlreichen weiteren biographischen Abhandlungen ist diejenige Ulrich Schlies, der dem christlichen Erbe bei Stauffenberg besondere Aufmerksamkeit schenkt, hervorzuheben.[19]

Alle diese genannten Werke gehen, wenn auch in unterschiedlicher Intensität, auf die Präsenz christlicher Prägungen in Stauffenbergs Elternhaus, Kindheit und weiterem Leben ein. Ebenso wird der Einfluss Stefan Georges von allen beachtet, wobei das Verhältnis beider Einflüsse sehr unterschiedlich gewichtet wird. Bei Zeller und auch bei Steinbach wird die prägende Kraft des George'schen Denkens bis in die letzten Tage hinein stark hervorgehoben, die katholischen Prägungen bleiben eher unprofiliert.[20]

---

[16] Zeller (ca. 1952) ^{5}1965.

[17] Zeller (1994) 2008.

[18] Steinbach 2007; Steinbach 2015.

[19] Schlie 2009.

[20] Zum Fortwirken George'schen Gedankenguts bei Zeller und seinem Berater Rudolf Fahrner vgl. nur das folgende Urteil: „George wird für ihn der Genius des Zeitalters, sein sokratischer Lehrer und Freund, der 55jährige dem 16jährigen. Durch ihn wird er in seiner

Parallel zu diesem Strang der Forschungsgeschichte erfolgte Ende der 1960er Jahre eine grundsätzliche Revision der bis dahin stark an der ethisch-moralischen Motivation interessierten Erforschung des Widerstands.[21] Eine Generation jüngerer Historiker konnte – auch biographisch bedingt – mit der Betonung ethischer Motivation und religiöser Bindung wenig anfangen. Hans Mommsen, Hermann Graml und andere wandten sich gegen die „moralische Akzentuierung" und „politische Zweckgerichtetheit" der bisherigen Widerstandsforschung.[22] Den diagnostizierten „Monumentalisierungstendenzen" wollte man mit einer als notwendig erachteten „Entmythologisierung" begegnen.[23] Besonders Klaus-Jürgen Müller hat dann den bürgerlichen und aristokratischen Widerstand lediglich „als ein[en] Spezialfall des Verhaltens traditioneller Machteliten in einer geschichtlichen Umbruchsituation […], die durch tiefgreifenden gesellschaftlichen und politischen Wandel gekennzeichnet war", beschrieben.[24]

---

tathaft-geistigen Begabung angenommen, in der es ‚keinen Abstand zwischen Denken und Tun, Empfinden und Handeln' gibt, die sich als eine *Vita Sibi Concors* (Seneca) mit sich im Einklang befindet" (Zeller [1994] 2008, S. 295). Werner Bräuninger sucht in seiner Darstellung die „Genese des Täters aus dem Geiste des geheimen Deutschland" aufzuzeigen (Bräuninger 2002, S. 8). Kritisch gegen eine Überschätzung des Einflusses Georges auf ihren Großvater die Darstellung der Historikerin Sophie von Bechtolsheim: von Bechtolsheim 2019, S. 62–64.

[21] Vgl. dazu Steinbach 1994a; Ueberschär (Hg.) 1994; Steinbach 1994b; weitere Literatur in: Müller/Mommsen ²1990, S. 214f.

[22] So die Charakterisierung aaO., S. 13.

[23] Vgl. aaO., S. 16. Anstelle der Motive suchte man jetzt die politisch-gesellschaftlichen Vorstellungen des sog. nationalkonservativen Widerstandes und die ihnen zugrunde liegenden politischen und geistesgeschichtlichen Traditionen herauszuarbeiten.

[24] Müller ²1990, S. 40.

Die sog. nationalkonservative Opposition müsse als „ein differenziertes Konfliktphänomen innerhalb der Entente gewisser traditioneller Elitegruppen mit der Führung der NS-Massenbewegung" beschrieben werden.[25] Gewissensentscheidungen, moralische Antriebe und religiöse Bindungen haben in dieser Bewertung des Widerstandes nur eine ganz marginale Bedeutung; denn der leitende Gesichtspunkt ist, das Verhalten des sog. nationalkonservativen Widerstandes als „Reaktion von Elitegruppen" zu begreifen, die „in einem säkularen politisch-gesellschaftlichen Wandlungsprozeß ihre angestammten Positionen in Staat und Gesellschaft bedroht sahen".[26] Sogar die jeden moralisch-ethischen Aspekt ausschließende Erklärung des Widerstands mithilfe spieltheoretischer Modelle wurde vorgeschlagen.[27]

---

[25] AaO., S. 43.

[26] Müller/Mommsen ²1990, S. 20. Auch das Bestreben, das Verhalten breiterer Sozialschichten und den „Widerstand von unten" zu erforschen, hat zur Verdrängung der Relevanz von Gewissensentscheidungen, Motivationen und politisch-moralischen Begründungen für den Widerstand beigetragen. Repräsentativ hierfür ist das großangelegte, 1973 begonnene Untersuchungsprojekt des Münchener Instituts für Zeitgeschichte über das politische Verhalten der bayerischen Bevölkerung in der NS-Zeit (vgl. Broszat et al. [Hg.] 1977–1983). Dieser Ansatz nimmt „den Konflikt zwischen dem Durchsetzungswillen des […] Regimes und den wirksamen Gegenkräften in der Gesellschaft" in den Blick. Es geht nicht mehr um die Analyse von Motiven und Zielsetzungen, sondern um den Aspekt der Wirkung. „Wirkung, nämlich die Abwehr, Eindämmung oder Begrenzung von nationalsozialistischer Herrschaft oder Ideologie" werden der entscheidende Beurteilungsmaßstab zur Erfassung des Phänomens „Widerstand" (vgl. die knappe Charakterisierung in: Plum 1983, S. 264f.).

[27] Vgl. Hüttenberger 1977.

Der wichtigste Ertrag dieser Forschungen war die Herausarbeitung der erheblichen Differenzen der Gesellschaftsvorstellungen im bürgerlichen und militärischen Widerstand zu westlich ausgerichteten Demokratiekonzeptionen der bundesrepublikanischen Nachkriegszeit.[28] Die dominant strukturgeschichtliche Deutung des Widerstands unter bewusster Vernachlässigung ethisch-moralischer Motive und religiöser Bindungen kann jedoch nicht überzeugen. Denn schon das recht unterschiedliche Verhalten einzelner Personen gleicher Herkunft und gesellschaftlicher Stellung bleibt dabei unverständlich. Karlaufs Stauffenberg-Biographie – die wohl am meisten rezipierte Veröffentlichung im Jahr der 75. Wiederkehr des Attentats des 20. Juli – veranschaulicht die nächste Etappe der Forschungsgeschichte. Sie nimmt mit der Militärputsch-These die strukturgeschichtliche Deutung in gewandelter Form auf und ergänzt sie durch eine recht eigentümliche Wiederaneignung von Ethos und Religion. Sie erfolgt nun so gut wie ausschließlich unter Bezug auf die pseudoreligiöse Züge tragende Weltanschauung des George-Kreises. Das katholische Christentum Stauffenbergs spielt praktisch keine Rolle mehr zur Erklärung seines Weges in den Widerstand. Karlauf ist durch seine Biographie prädestiniert für diesen Schritt in der jüngsten Forschungsgeschichte. Er ist, wie erwähnt, nicht nur ein hervorragender Kenner George'schen Gedankenguts und selbst zehn Jahre lang Mitglied eines entsprechenden Kreises gewesen, sondern er hat auch bereits früh an dem zweiten skizzierten Forschungsstrang Anteil genommen. Im Jahr 1984 wurde er Lektor des Berliner Siedler Verlags und hatte die Reihe „Deutscher Widerstand 1933 bis

[28] Grundlegend: MOMMSEN (1966) 1994.

1945. Zeugnisse und Analysen" zu betreuen.[29] Hier waren wichtige Werke Hans Mommsens und seiner Schüler zum Druck gekommen.

2.2 Militärputsch ohne moralische Motivationen?

Karlauf grenzt sich zu Beginn seiner Biographie grundsätzlich von allen Versuchen ab, moralisch-ethische Gesichtspunkte zur Deutung des Widerstands Stauffenbergs heranzuziehen:

> „Das vorliegende Buch geht einen anderen Weg. Es versucht nicht, nach einer moralischen Motivation zu fragen, die es in der uns heute selbstverständlich gewordenen, der Schreckensherrschaft des Dritten Reiches angemessenen Form bei Stauffenberg nicht gab. Es konzentriert sich stattdessen auf die militärisch-politische Motivation und rückt in den ersten Kapiteln jene Ereignisse in den Mittelpunkt, die Stauffenberg als Offizier existenziell betrafen und mit denen er sich auseinanderzusetzen hatte."[30]

Entsprechend gewichtet Karlauf die drei „bestimmenden Einflüsse […] – Familie, Soldatentum, George"[31] –, von denen her er Stauffenbergs Weg in den Widerstand und die Beteiligung an Umsturzvorbereitungen zu erläutern sucht, sehr unterschiedlich. Das Ethos des George-Kreises und vor allem das soldatische Selbstverständnis erhalten großes Gewicht, während der familiäre Hintergrund, die Herkunft aus der schwäbisch-katholischen Adelsfami-

---

[29] Vgl. Karlauf 2019, S. 323.

[30] AaO., S. 30f.; vgl. auch aaO., S. 34: „Die nach dem Krieg für unerlässlich gehaltene moralische Kategorie darf er dabei höchstens streifen."

[31] Ebd.; vgl. aaO., S. 109.

lie, eher gestreift als dargestellt wird. Erst nach 50 Seiten werden dem familiären Hintergrund einige wenige Seiten gewidmet. Hier beschränkt sich Karlauf auf ein paar kritische, unter Rückgriff auf die Forschungen Stephan Malinowskis formulierte Bemerkungen zur Rolle des Adels im 20. Jahrhundert.[32] Auch bei den Stauffenbergs sei die in Adelskreisen in der Nachkriegszeit übliche Bildung von Anekdoten, die den hier „selbstverständlichen, fast schon genetischen Abscheu vor den ‚Braunen' veranschaulichen sollten", zu beobachten.[33] Keineswegs stünden solche Geschichten für eine „prinzipielle Gegnerschaft", vielmehr habe man „die Überlegenheit und Stabilität des adeligen Herrschaftsmodells unterstreichen" wollen. „Das Ideal des angeborenen selbstverständlichen ‚Herrentums', das aufgrund jahrhundertealter Privilegien führte, ohne befehlen zu müssen, das natürliche Prinzip von Herrschaft und Dienst – so die Botschaft – war eben doch etwas ganz anderes als der kuriose Kult der Massen um einen zum Idol erhobenen Führer."[34]

In dem Kapitel „Das Erbe" kommt Karlauf noch einmal auf „die Werte und Ideale, die ihm [sc. Stauffenberg] von der Familie mitgegeben wurden", zu sprechen. Das bleibt jedoch nur skizzenhaft und ganz im Schatten der Ausführungen zum Soldatentum und zum Erbe Georges. Ausgangspunkt sind die Staufer-Visionen des George-Kreises, die sich zwar mit der Genealogie der Stauffenbergs „nur schwer in Übereinstimmung" bringen ließen,[35] gleichwohl aber das Stichwort für die kurze Übersicht über

---

[32] Vgl. Karlauf 2019, S. 50–54; mit Verweis auf: Malinowski 2003.

[33] Karlauf 2019, S. 51.

[34] AaO., S. 52

[35] Vgl. aaO., S. 114.

die Familiengeschichte geben.[36] Breiteren Raum nimmt die Darstellung des engen Verhältnisses Claus' zu seinem älteren Bruder Berthold ein. Hier geht es maßgeblich um dessen zentrale Bedeutung für Claus' Hinwendung zum Gedankengut Georges.[37]

Ungleich wichtiger als der familiäre Hintergrund erscheinen in Karlaufs Darstellung, wie erwähnt, Stauffenbergs Selbstverständnis als Offizier und eine entsprechende Geisteshaltung.

> „Dem Soldatentum, dem er sich seit seinem 18. Lebensjahr verschrieben hatte, fühlte er sich zweifellos am stärksten verpflichtet, soldatisches Wesen und der Geist des Offizierkorps prägten ihn nachhaltiger als alles andere."[38]

Im Mittelpunkt der handlungsleitenden Weltsicht habe „der deutsche Generalstab, das ‚Allerheiligste des preußisch-deutschen Militärapparats'", gestanden.[39] Angesichts des Mangels an Quellen aus Stauffenbergs frühen Jahren greift Karlauf auf andere Vertreter des vergleichsweise homogenen Offizierkorps zurück.[40] Dieses Verfahren erleichtert ihm das Anliegen, Stauffenberg recht einseitig als Vertreter einer Militärkaste zu charakterisieren, die schon von Berufs wegen mit der nationalsozialistischen Bewegung sympathisierte und aufs Engste zusammenarbeitete.

Wenig Zweifel gibt es an Stauffenbergs Überzeugung von „der politisch-sozialen Eliterolle des Of-

---

[36] Vgl. aaO., S. 114–117.
[37] Vgl. aaO., S. 115–131.
[38] AaO., S. 109.
[39] AaO., S. 34.
[40] Vgl. aaO., S. 35.

fizierkorps".[41] Mit vielen anderen seiner Generation teilte der im April 1926 in das 17. bayerische Reiterregiment in Bamberg Eingetretene die Auffassung, dass die durch den Versailler Vertrag auferlegte Beschränkung der Reichswehr aufgehoben werden müsse. Und er gehörte zu den jungen Offizieren, die von dem hohen Bedarf an Nachwuchsoffizieren im Zuge der Aufrüstungspolitik Hitlers profitierten. Zwar sah er in der raschen Vermehrung das Risiko einer Absenkung der hohen menschlichen und fachlichen Standards, die nach seiner Überzeugung zum Beruf des Offiziers qualifizierten, aber das stellte nicht seine grundsätzliche Übereinstimmung mit der nationalen Revolution und der nationalsozialistischen Militärpolitik in Frage. Stauffenberg scheint den sog. Röhm-Putsch am 30. Juni 1934, durch den die der Wehrmacht gefährliche SA ausgeschaltet wurde, begrüßt zu haben. So sprach er diesbezüglich vom „Platzen einer Eiterbeule, durch das endlich klare Verhältnisse geschaffen wurden".[42] Auch den Austritt aus dem Völkerbund und die weiteren Schritte einer konsequenten Aufrüstung hat Stauffenberg für richtig erachtet. Als seine Division, der er als Zweiter Generalstabsoffizier (Ib) diente, am 9. September 1938 im Rahmen einer Übung an der deutsch-tschechischen Grenze Stellung bezog, scheint er geradezu enttäuscht gewesen zu sein, dass es nicht zum Krieg kam. Denn am 29. September 1938 stimmten Großbritannien und Frankreich auf einer nach München einberufenen Konferenz der Abtretung der sudetendeutschen Gebiete an das Deutsche Reich zu, so dass der Krieg in letzter

[41] Vgl. aaO., S. 35 f.

[42] Kramarz 1994, S. 51, unter Verweis auf ein Gespräch mit Nina Gräfin Stauffenberg am 10. Oktober 1962; vgl. Hoffmann [4]2007, S. 143.

Minute verhindert werden konnte.[43] Am Einmarsch in das Sudetenland nahm Stauffenberg als Generalstabsoffizier teil. Kurze Zeit später, am 20. November 1938, berichtete er darüber in einem Vortrag, ohne Kritik am deutschen Vorgehen zu üben.[44]

In einem Briefwechsel, den Stauffenberg mit einem General führte, hat er die Vorwürfe, dass sich die Armeeführung in der Sudetenkrise zögerlich und zaudernd verhalten habe, zurückgewiesen. Ganz im Gegenteil sei das Problem vielmehr das mangelnde Vertrauen der politischen Führung in das Offizierkorps gewesen. Die Vorwürfe gingen von einem falschen Bild soldatischer Verantwortung aus.[45] Der für das Frühjahr 1939 überlieferte Satz Stauffenbergs „Der Narr macht Krieg!" ist wohl auch auf diesem Hintergrund zu verstehen.[46] Man sollte hier keine grundsätzliche Distanzierung von der nationalsozialistischen Revisionspolitik annehmen, sondern die Kritik an einer dilettantischen, weil die militärische Kompetenz missachtenden politischen Führung wahrnehmen.[47]

Auch Stauffenbergs kritische Bewertung der ununterbrochenen Appellation an den Wehrwillen des deutschen Volkes im Jahr 1939 lässt sich erklären, ohne dass man hier eine grundsätzliche Distanzierung von der nationalsozialistischen Kriegspolitik annehmen muss. Karlauf verweist zu Recht auf die elitäre Begründung dieser Kritik.

---

[43] Vgl. Karlauf 2019, S. 138.

[44] Vgl. aaO., S. 138 f.; Hoffmann [4]2007, S. 187.

[45] Vgl. Hoffmann [4]2007, S. 192 f.; Karlauf 2019, S. 139.

[46] Berichtet hat den Satz der mit den Brüdern Stauffenberg befreundete Rudolf Fahrner (vgl. Müller [1970] 2003, S. 141). Andere, weitergehende Interpretation des Satzes bei: Zeller 2008, S. 67.

[47] Vgl. Karlauf 2019, S. 139.

„Vor solcher Propaganda müsse gewarnt werden, führe sie doch leicht zu einer Aufweichung des soldatischen Ethos, einem Nachlassen soldatischer Pflichterfüllung und letztlich zum Absinken der Kampfmoral."[48]

Dafür spricht auch, dass aus der Zeit des Polenfeldzugs Äußerungen erhalten sind, die eine erhebliche Identifizierung mit der nationalsozialistischen Begründung des Überfalls auf Polen nahelegen.[49] Noch im April 1942 finden sich Äußerungen Stauffenbergs, die eine Hoffnung auf Meisterung der Lage an der Ostfront vermuten lassen.[50]

Offensichtlich ist, dass der Generalstabsoffizier Stauffenberg den Kompetenzwirrwarr in der Wehrmacht – nicht nur zwischen dem Generalstab des Heeres und dem Oberkommando der Wehrmacht, sondern auch zwischen dem Heer und Görings Luftwaffe sowie Himmlers SS-Truppen – als gefährliche Schwächung der Kampfkraft wahrgenommen hat. So kann er noch im Januar 1942 den Rücktritt des Oberbefehlshabers des Heeres, Generalfeldmarschall von Brauchitsch, und Hitlers Bestreben, stattdessen selbst die Führung zu übernehmen, ausgesprochen positiv würdigen.[51]

---

[48] AaO., S. 99.

[49] „Die Bevölkerung ist ein unglaublicher Pöbel, sehr viele Juden und sehr viel Mischvolk. Ein Volk, welches sich sicher nur unter der Knute wohlfühlt. Die Tausenden von Gefangenen werden unserer Landwirtschaft recht gut tun. In Deutschland sind sie sicher gut zu brauchen, arbeitsam, willig und genügsam" (An Nina von Stauffenberg, aus Kozienice/Polen, September 1939, zit. in: Hoffmann [4]2007, S. 200).

[50] Vgl. aaO., S. 248 f.

[51] AaO., S. 249, mit Zitat aus einem Brief Claus Stauffenbergs an seine Schwiegermutter Anna Freifrau von Lerchenfeld am 11. Januar 1942.

Diese und weitere Belege für den Sachverhalt, dass Stauffenberg „mit Leib und Seele" Soldat war,[52] breitet Karlauf aus, um seine Grundthese zu belegen: Bei den Umsturzvorbereitungen, die in dem Attentat vom 20. Juli 1944 mündeten, handelte es sich um einen Militärputsch, der aus militärischen Gründen und nicht aufgrund moralisch-ethischer Motivation oder gar religiöser Orientierung durchgeführt worden ist.[53] Entsprechend hätten sie erst eingesetzt, nachdem die Hoffnung, den Krieg noch zu einem befriedigenden Ergebnis zu bringen, aufgegeben worden war. Gesichtspunkte, die dem widersprechen, werden nicht ausreichend berücksichtigt bzw. ernsthaft diskutiert. Bei einer ausgesprochen kritischen Quellensichtung könnte man dem folgenden Urteil noch zustimmen: „In den authentischen Quellen finden sich bis August 1942 keine Belege, dass Stauffenberg ein Komplott gegen Hitler in Erwägung gezogen hätte."[54] Daran angeschlossen wird dann aber das unzutreffende Urteil:

> „Akzeptiert man, dass Stauffenberg erst im Sommer 1942 anfing, kritisch über die Bedingungen und Folgen des Krieges nachzudenken, ergibt sich ein von den bisherigen Darstellungen stark abweichendes Bild."[55]

Es ist etwas völlig anderes zu urteilen, dass vor 1942 klare Belege für die Beteiligung an einem „Komplott gegen Hitler" fehlen, als zu behaupten, „dass Stauffenberg erst im Sommer 1942 anfing, kritisch über die Bedingungen und Folgen des Krieges nachzudenken." In der Realität

---

52 So die Formulierung bei Hoffmann ^{4}2007, S. 195.

53 „[…] Militärputsch – und nichts anderes war der 20. Juli […]" (Karlauf 2019, S. 34).

54 AaO., S. 31.

55 Ebd.

dürften die Zweifel und kritischen Bedenken schon sehr viel früher eingesetzt haben, als Karlaufs schematische Einteilung suggeriert.

Auch wenn die frühe, schon vor 1933 greifbare Sympathie für die Ziele der nationalsozialistischen Bewegung klar belegt ist,[56] gibt es ebenso Hinweise auf kritische Vorbehalte.[57] Bei aller Distanz zur Republik hat Stauffenberg sich nicht am Verächtlichmachen der Flagge („schwarz-rotsenf") oder an Beschimpfungen der Republik beteiligt.[58] Gut bezeugt ist ein Protest Stauffenbergs gegen Julius Streichers vulgären Antisemitismus. Danach hat der in Uniform anwesende Offizier im Jahr 1934 demonstrativ eine Versammlung verlassen, als Streicher sich in wüsten Beschimpfungen des Judentums erging.[59] Auch wenn keine Zeugnisse einer unmittelbaren Reaktion auf die Judenpogrome des 9./10. November 1938 erhalten sind, ist zu vermuten, dass ihn die Willkür und die Brutalität der Aktionen abgestoßen haben.[60] Sein unbestechliches

---

[56] Vgl. bes. HOFFMANN ⁴2007, S. 112f. und 133f. Hoffmann urteilt zusammenfassend wie folgt: „Dem Nationalsozialismus überhaupt stand Stauffenberg zustimmend gegenüber, die Ernennung Hitlers zum Reichskanzler begrüßte er, manchen Berichten zufolge war er davon begeistert. Er verfolgte leidenschaftlich die politischen Ereignisse und setzte Hoffnungen in einen nationalen Umbruch" (aaO., S. 133).

[57] Ein von Eberhard Zeller im Sinne einer gewissen Distanz zu Hitler interpretierter Brief Stauffenbergs an Stefan George vom 21. Juni 1933 enthält weder Bezugnahmen auf die Geschehnisse der vorangegangenen Monate noch irgendeine kritische Bemerkung zu Hitlers Machtübernahme (vgl. ZELLER 2008, S. 27f.).

[58] Vgl. MÜLLER 2003, S. 79f.; ZELLER 2008, S. 24.

[59] Vgl. KRAMARZ 1994, S. 49, unter Verweis auf ein Gespräch mit Oberst a. D. Bernd von Pezold am 17. Mai 1963.

[60] Der Quellenwert des Berichts, den der im November 1938 als 1. Ordonnanzoffizier mit Stauffenberg zusammenarbeitende Ober-

Rechtsempfinden ist belegt und wurde von Kollegen und Freunden vielfach hervorgehoben. So hat Stauffenberg im Polenfeldzug 1939 unnachgiebig die Bestrafung eines ihm persönlich bekannten Offiziers durchgesetzt, der ohne Rechtsgrundlage zwei wohl geistig behinderte Frauen hinrichten ließ.[61] Nach dem Beginn des Russlandfeldzugs im August 1941 ist Stauffenbergs Ablehnung und Empörung über die Behandlung der Einheimischen – im Gegensatz zum Jahr 1939 – durch Berichte belegt.[62] Es liegt in der Logik der Quellen begründet, dass in den erhaltenen Akten (Kriegstagebuch) keine moralischen Motive genannt werden. So sind von seiner eigenen Hand lediglich Begründungen militärischer Art gegen die Zurücksetzung der Einheimischen erhalten.

In den Verhören nach dem gescheiterten Attentat gab Peter Yorck von Wartenburg wie viele andere „die nationalsozialistische Auffassung vom *Recht*" als einen wesentlichen Grund für die Beteiligung an den Umsturzvorbereitungen an.[63] In dem von Stauffenberg mitverfass-

leutnant Werner Reerink 25 Jahre später, im Juni 1963, gegeben hat, erscheint fraglich: „Die Ereignisse der Kristallnacht November 1938 allerdings führten insbesondere bei Stauffenberg, der sich immer ganz besonders für Recht, Anstand und Sitte einsetzte, zu einer krassen Verurteilung der Geschehnisse mit dem Hinweis, welcher Schaden hierdurch für unser Vaterland in der gesamten Welt geschehen würde. In der Zeit nach dem November 1938 kritisierte Stauffenberg Personen der Gliederungen der NSDAP, die ihm dem Charakter und dem Benehmen nach ein Dorn im Auge waren, allerdings stärker als vorher" (zit. in: Kramarz 1994, S. 80).

[61] Vgl. aaO., S. 74.

[62] Vgl. aaO., S. 114–125; Müller 2003, S. 219–228.

[63] Jacobsen (Hg.) 1989, S. 110 und 450f. Repräsentativ für Stauffenberg und die meisten Mitverschwörer ist folgender im Verhör geäußerter Satz: „Als Grundlagen für die Ordnung wollten wir heiliges unverbrüchliches Recht schaffen, das dem einzelnen Wunsch

ten Aufruf, der nach dem erfolgreichen Attentat als eine Art „Regierungserklärung“ verlesen werden sollte, wird „die Wiederherstellung der vollkommenen *Majestät des Rechts*“ als erste Aufgabe der neuen Regierung bezeichnet.[64] Karlauf versucht das hier zum Tragen kommende Rechtsempfinden zu entkräften, indem er ohne überzeugenden Beleg behauptet, dass Stauffenberg daran gerade Anstoß genommen habe. Die Tendenz zur Egalisierung, die hier impliziert ist, sei ihm problematisch erschienen. „Man müsse der allgemeinen Gleichmacherei entgegentreten, lautete sein *Ceterum censeo*.“[65] Ausgangspunkt dieser konstruierten Kritik ist wohl der unmittelbar vor dem Attentat, im Geist Georges verfasste und von Stauffenberg nachweislich redigierte „Schwur“.[66] Hier wird die Hochschätzung des Rechts mit der Abgrenzung von der „Gleichheitslüge“ verbunden.

> „Wir wollen eine Neue Ordnung[,] die alle Deutschen zu Trägern des Staates macht und ihnen Recht und Gerechtigkeit verbürgt, verachten aber die Gleichheitslüge und beugen uns vor den naturgegebenen Rängen.“[67]

Man sollte keinen Gegensatz zwischen der hier formulierten hierarchisch orientierten Gesellschaftsvorstellung und der außerordentlichen Hochschätzung des Rechts in der „Regierungserklärung“ konstruieren. Deren erster, um-

---

jeder Institution eine Freiheitssphäre gewährt, innerhalb derer nach dem Gewissen gehandelt und die Kräfte wahrhaft entfaltet werden können“ (aaO., S. 327). Vgl. auch Steinbach ²1994.

[64] Abgedr. in: Jacobsen (Hg.) 1989, S. 147–156, hier: 147; zur Mitverfasserschaft Stauffenbergs vgl. Hoffmann ⁴2007, S. 365.

[65] Karlauf 2019, S. 297.

[66] Im Faksimiledruck in: Hoffmann ⁴2007, S. 422 f. (mit handschriftlichen Korrekturen Claus Stauffenbergs).

[67] AaO., S. 422.

fangreicher Abschnitt stellt denkbar stark die Bedeutung des Rechts für das Gemeinwesen heraus und scheut sich auch nicht, dies religiös zu begründen:

„*Keine menschliche Gemeinschaft kann ohne Recht bestehen*; keiner, auch derjenige, der glaubt, es verachten zu können, kann es entbehren. Für jeden kommt die Stunde, da er nach dem Recht ruft. Gott hat uns in seiner Ordnung des Weltalls, in seiner Schöpfung des Menschen und in seinen Geboten die Notwendigkeiten des Rechts, seiner gerechten und unparteiischen Anwendung, gesetzt."[68]

In der Logik Stauffenbergs und der anderen Verschwörer, aber dem Duktus Karlaufs widersprechend, handelt der folgende Abschnitt der „Regierungserklärung" dann folgerichtig von der Wiederherstellung der Moral.[69]

Der Sachverhalt, dass im Falle Stauffenbergs alles belastende Material von der Ehefrau vernichtet wurde, in die Hände der Gestapo fiel oder auf andere Weise verloren ging, zwingt zu Schlussfolgerungen anhand vergleichbarer Fälle. Karlauf tut dies, indem er auf andere Vertreter des als homogen verstandenen preußisch-deutschen Offizierkorps blickt und qua Analogieschluss Aussagen über Stauffenberg trifft. Stauffenberg ist aber nicht als repräsentativ für das Offizierkorps, das sich in der Mehrheit gerade nicht an Umsturzvorbereitungen beteiligt hat, zu nehmen. Vielmehr bieten sich andere am Widerstand Beteiligte wie der ihm hier aufs engste verbundene Fritz-Dietlof Graf von der Schulenburg zum Vergleich an.[70] Früh schon von nationalsozialistischen Reformvorstellungen angezogen und – im Unterschied zu dem Of-

[68] Jacobsen (Hg.) 1989, S. 148.
[69] Vgl. aaO., S. 149 f.
[70] Vgl. Heinemann 1994; siehe auch unten S. 76–79.

fizier Stauffenberg – Parteimitglied wandte er sich ab, da er die Ziele durch Korruption, Bonzentum und Rechtsbeugung verraten sah. Wie Stauffenberg seinen Beruf als Offizier verstand Schulenburg seine Tätigkeit als führender Verwaltungsbeamter an verschiedenen Stellen als Dienst, der ein hohes Ethos verlange. Wie Stauffenberg das Offizierskorps als eigentlichen Träger des Staates verstand, sah Schulenburg in einem politisch orientierten Berufsbeamtentum den „Träger der Staatsidee".[71]

Im Blick auf Stauffenbergs Selbstverständnis ist Karlaufs Trennung zwischen militärischer Rationalität, die spät zu Umsturzvorbereitungen geführt hätte, und moralischer Motivation bzw. Ethos völlig untauglich. Er verstand von Anfang an den Beruf des Offiziers als Dienst am Gemeinwesen, der sich nicht in Fachmenschentum erschöpfen dürfe. Wenn Stauffenberg im Sommer 1941 zum Beispiel darum bittet, alles zu sammeln, was die SS belaste,[72] könnte man das zwar als militärischer Logik geschuldet interpretieren. Es ist aber nicht nur eine Angelegenheit der Rivalität und der Kompetenzkonflikte zwischen Wehrmacht und SS gewesen, sondern hatte auch eine moralische Dimension. Es war von Anfang an charakteristisch für den Soldaten Stauffenberg, dass seine Interessen in auffallender Weise weit über das Soldatisch-Technische hinausreichten. So heißt es in einer dienstlichen Beurteilung des knapp 26-jährigen Oberleutnants vom Oktober 1933: „Zeigt viel Interesse für soziale, geschichtliche und religiöse Zusammenhänge."[73] In diesem Sinn muss man auch Stauffenbergs

[71] Vgl. Heinemann 1994, S. 13.
[72] Vgl. Hoffmann [4]2007, S. 241.
[73] Zit. in: Müller 2003, S. 72.

intensive Beschäftigung mit seinem Urgroßvater, dem preußischen Generalfeldmarschall und Heeresreformer August Neidhardt von Gneisenau, und den Befreiungskriegen gegen Napoleon seit Herbst 1936 einordnen. Zwar ist Karlauf zuzustimmen, dass man darin keine Vorbereitung auf die Erhebung gegen Hitler sehen kann, wie Rudolf Fahrner das nach dem Krieg suggerierte,[74] aber ebenso wenig spricht dafür, die Studien ausschließlich dem Interesse an einer „effizienteren Kriegführung" zuzuschreiben.[75] Diese war in Stauffenbergs Haltung unauflöslich mit ethischen Gesichtspunkten verbunden. Angesichts der Wahrnehmung des Krieges in Russland, in den er als Major in der Operationsabteilung des Generalstabs des Heeres eingebunden war, drängte beides auf Widerstand und Erhebung. In einer sechsseitigen Ausarbeitung, die Stauffenberg im Juni 1944 niederschrieb, heißt es entsprechend:

„*Bei Fortsetzung des gegenwärtigen Kurses sei eine Niederlage* und Vernichtung der materiellen und blutsmäßigen Substanz *unausbleiblich*. Das drohende Verhängnis könne nur durch Beseitigung der jetzigen Führung abgewendet werden. […] *Ein wesentliches Moment für die schlechte Gesamtlage stelle die Behandlung der besetzten Länder dar*. Den Anfang vom Ende der gesamten militärischen Entwicklung bilde der russische Feldzug, der mit Befehl zur Tötung aller Kommissare begonnen habe und mit dem Verhungernlassen der Kriegsgefangenen und der Durchführung von Menschenjagden zwecks Gewinnung von Zivilarbeitern fortgesetzt worden sei."[76]

In seinem berechtigten Anliegen, einer Überschätzung moralischer Motivationen bei der Begründung der Betei-

---

[74] Vgl. Fahrner II 2008, S. 195 f.

[75] Vgl. Karlauf 2019, S. 93–98 und 318.

[76] Jacobsen (Hg.) 1989, S. 34; vgl. Zeller 2008, S. 88.

ligung an Umsturzvorbereitungen zu wehren,[77] schießt Karlauf deutlich über das Ziel hinaus. Dem liegt ein problematischer Begriff von Moral und Ethos zugrunde. Ethos und Moral werden im Gegensatz zu Beruf und Sachkompetenz als prinzipiengeleitete, gesinnungsorientierte und nicht die Bedingungen und Folgen bedenkende Haltung verstanden. So geht er von der nach vielen Debatten um Max Webers diesbezügliche Thesen eigentlich längst überwundenen, falschen Alternative von Gesinnungs- und Verantwortungsethik aus.[78] Im Blick auf Joachim Fests recht spekulative Überlegungen zum Attentat als einem Opfergang, bei dem die Frondeure geglaubt haben könnten, „dass ein Scheitern ihre Tat nur in noch reinerem Licht hervortreten lasse",[79] formuliert er pointiert:

„Eine solche Lesart ist aberwitzig. Sie vernachlässigt die politischen Motive der Verschwörer, und sie verkennt, dass die Militäropposition aus Verantwortung handelte, nicht aus Gesinnung. Nicht das Entsetzen über die Verbrechen des Nationalsozialismus, sondern die Entschlossenheit, den Krieg möglichst rasch zu einem für Deutschland einigermaßen glimpflichen Ende zu bringen, gab ihrem Denken die Richtung. Auch wenn uns die militärische Disposition heute weitgehend fremd geworden ist, sollten wir die Trennlinie zwischen Regimegegnern, die ihrem Gewissen folgten, und Offizieren, die in Vorbereitung eines Staatsstreichs unter enormem Erwartungsdruck standen, nicht verwischen. […] Dass die Offiziere fast durchgängig erst aus der militärischen Notwendigkeit der Jahre 1942/43 heraus den Entschluss zum Sturz Hitlers fassten, bedeutet nicht, dass sie unempfindlich waren für die Untaten des Systems. Nur sollte

[77] Siehe oben S. 17f. mit Anm. 7–12 und 16f.

[78] In der Kopfzeile S. 227 lautet die Kurzformel: „Aus Verantwortung, nicht aus Gesinnung".

[79] Fest ³2005, S. 152.

man ihr stark von Beruf und Klasse geprägtes Handeln nicht mit dem viel zitierten Aufstand des Gewissens gleichsetzen. Einer im Kern pazifistisch orientierten Gesellschaft wie der unseren ist Ethos grundsätzlich leichter zu vermitteln als Verantwortung."[80]

Abgesehen davon, dass zwar nicht Stauffenberg, aber Offiziere wie Generaloberst Beck, Oberst Oster und andere schon lange vor 1942/43 Umsturzaktivitäten entfaltet haben, werden hier mehrere falsche Alternativen konstruiert. Es ist klar, dass die Welt des Offizierkorps und die Notwendigkeiten einer effizienten Kriegsführung für die meisten Menschen heute weit außerhalb des Erfahrungshorizonts liegen. Das hat aber wenig damit zu tun, dass Ethos vermeintlich leichter zu vermitteln ist als Verantwortung. Eigentlich geht es dabei nur um den schlichten Sachverhalt, dass Menschen sich immer lieber mit den ethisch klaren Entscheidungen identifizieren als mit Kompromissen. Auch darum ist die Rede vom „Aufstand des Gewissens" populär. Sie ist natürlich gegen die Gefahren heroischer Überhöhung zu sichern. In der Realität ist das Handeln immer vielschichtig motiviert und ein Entschluss erheblicher existentieller Relevanz meist mit Zaudern und Zagen verbunden. Ein „stark von Beruf und Klasse geprägtes Handeln" steht, wie gerade das Beispiel Stauffenberg zeigt, nicht per se im Gegensatz zu einem Gewissens-geleiteten Handeln, sondern ist mit einem beträchtlichen Maß an Ethos verbunden. Nur waren es für den Offizier eher Gehorsam als Widerstand und für den Adligen eher Verantwortung und Dienst als der Gleichheitsgedanke. Hier waren dann mitunter Grenzen, die das Gruppenethos vorgab, zu überschreiten, und eben das wurde getan. Insofern gab das „Entsetzen über die

[80] Karlauf 2019, S. 226f.

Verbrechen des Nationalsozialismus" sehr wohl „ihrem Denken die Richtung".

In einem gewissen Widerspruch zur Grundthese seiner Stauffenberg-Deutung spricht Karlauf Ethos und geistiger Grundhaltung, wie eingangs erwähnt, an *einer* Stelle dann doch eine erhebliche Bedeutung für Stauffenbergs Weg in den aktiven Widerstand zu. Die Gedankenwelt des Dichters Stefan George und insbesondere das hier zentrale „Tat-Ethos" hätten einen wichtigen Anteil daran, dass Stauffenberg zur Tat geschritten sei.

2.3 Ambivalenzen des Einflusses Stefan Georges

Im Mai 1923 oder kurz danach wird der nicht einmal 16-jährige Claus – wohl zusammen mit seinem älteren Bruder Berthold – dem berühmten Dichter Stefan George in Marburg persönlich vorgestellt.[81] Von da an begleitet dessen Gedankenwelt die Brüder bis in die letzten Lebensmonate. Die Lektüre von Georges Gedichten, der Austausch und die Freundschaft mit anderen George-Anhängern und ein spezifisches Elitebewusstsein, das ausdrücklich gepflegt wird, prägen die Jugend und üben wohl auch einen Einfluss auf den Entschluss aus, Offizier zu werden.[82] Claus wird wie sein Bruder Mitglied des späten George-Kreises und sogar zum Nacherben des Dichters eingesetzt für den Fall des vorzeitigen Todes seines Bruders. Als der Dichter am 4. Dezember 1933 in seinem Schweizer Exil starb, reisten Claus und sein Bruder an, um die Totenwache zu halten.

---

[81] Vgl. HOFFMANN ^{4}2007, S. 57.
[82] Vgl. MÜLLER 2003, S. 61.

Alle Biographen würdigen den Einfluss Georges auf Claus von Stauffenberg und insbesondere seinen Entschluss zur Durchführung des Attentats gegen Hitler.[83] Schon Fabian von Schlabrendorff hatte in seiner 1946 erschienenen Darstellung „Offiziere gegen Hitler" Stauffenberg als „seinem Meister treu" ergeben geschildert. „Die Gedanken- und Geisteswelt Stefan Georges beherrschten ihn."[84] Eine wichtige Rolle spielte der befreundete Germanist und George-Anhänger Rudolf Fahrner, der die frühen Darstellungen Stauffenbergs beeinflusste.[85]

> „Durch ihn und Zeller erschien ein neues Stauffenberg-Bild, das, stark vom Georgeschen Menschenbild geprägt, Stauffenberg in keiner Weise als ‚Jünger' des ‚Meisters' reklamierte, ihn aber als ‚eigenständige politische Kraft' und Zentrum der Konspiration überhöhte und in dem sechsunddreißigjährigen Offizier einen ‚Täter'-Typus in der Art Caesars vermutete oder darzustellen sich bemühte."[86]

Hoffmann vertrat die Auffassung, Stauffenberg habe „aus dem Georgeschen Geist heraus [...] dem neuen Regime gerade in der ersten Zeit und bis zum Beginn des Krieges mit Ablehnung, ja mit Verachtung" gegenübergestanden.[87] Im Jahr 1933 seien Claus und sein Bruder Berthold zwar mehr als bisher mit Politik in Berührung gekommen.

---

[83] Vgl. bes. Kramarz 1994, S. 25–33; Müller 2003, S. 41–59; Hoffmann ⁴2007, S. 50–61, 66–91 und 100–103; Steinbach 2007, S. 24–32; Steinbach 2015, S. 44–51.

[84] Von Schlabrendorff 1994, S. 80. Ulrich Raulff hat auch der späteren ZEIT-Herausgeberin Marion Gräfin Dönhoff und ihrem Doktorvater Edgar Salin eine frühe und lange währende Rolle bei der Deutung des Attentats vom 20. Juli als „geistiger Revolution" im Gefolge Georges zugesprochen (vgl. Raulff 2012, S. 420–427).

[85] Siehe auch oben S. 18 mit Anm. 16f.

[86] Müller 2003, S. 15.

[87] Hoffmann 1968, S. 534f.

„Aber sie blieben unabhängig; sie hatten längst ihren ‚Führer'. Sie konnten Hitler nicht verfallen, solange sie sich dem Dichter und dessen Utopie des geheimen Deutschland verpflichtet fühlten."[88]

Die Brüder „waren seit ihrer Begegnung mit dem Dichter in ihrem Wesen und weiteren Leben in einer Weise bestimmt, die zwischen sie und die übrige Welt eine unsichtbar-undurchdringliche Wand stellte."[89]

Peter Steinbach hat auf manche Nähe Georges zur sog. konservativen Revolution der Weimarer Zeit und auch zum Nationalsozialismus hingewiesen.[90] Gleichwohl sieht er keine entsprechenden Nachwirkungen bei Claus von Stauffenberg.[91] Wesentliches Erbe sei die kritische Grundhaltung gegenüber der als Massenzeitalter wahrgenommenen Gegenwart. „Hinhaltende Reserve, Korrektur von Positionen, Überdenken von Aussagen, Ringen nach [sic!] Gewissheit im Zuge der inneren Bewältigung von Ungewissheit – dazu lud Georges Denken, Dichten und Trachten ein."[92] Entsprechend positiv habe sich dessen Einfluss auf Stauffenbergs Urteilsfähigkeit ausgewirkt.

---

[88] Hoffmann ^{4}2007, S. 132. In einer gewissen Spannung dazu steht sein oben S. 29 Anm. 56 zitiertes Urteil.

[89] AaO., S. 59.

[90] Zum Begriff und Phänomen „konservative Revolution" vgl. immer noch grundlegend Sontheimer ^{2}1978.

[91] „Ob ihn die geistesgeschichtlichen und kulturpolitischen Verbindungen Georges zu Gruppen im Umfeld der ‚konservativen Revolution' oder gar die Geschwister Stauffenberg geprägt hatten, muss bezweifelt werden. Claus zumindest bewunderte allein den Dichter und Menschen. Er leitete aus der Beschwörung eines künftigen ‚neuen Reiches' vor allem Selbstverpflichtungen ab, die er in Gestalt des Dienstes für eine neue und bessere Ordnung umsetzen wollte" (Steinbach 2015, S. 48).

[92] AaO., S. 48 f.

„Der Einfluss Stefan Georges war unbezweifelbar und unübersehbar, hatte aber die eigenständige Urteilskraft in keiner Weise gelähmt, sondern eher geschärft. Er war durch seine Zeit geprägt, aber er hatte sich den Zeitströmungen nicht ausgeliefert."[93]

Karlauf geht deutlich darüber hinaus. Georges Einfluss erscheint ihm neben Familie und insbesondere dem Soldatentum als der dritte den Lebensweg Stauffenbergs bestimmende Faktor. Unter Aufnahme einer Formulierung Ulrich Wildts formuliert er pointiert:

„Wenn es einen geistigen Urheber des Attentats auf Adolf Hitler am 20. Juli 1944 gegeben hat, dann war es Stefan George. Niemand sonst hat Claus Schenk Graf von Stauffenberg so geprägt, intellektuell geformt wie jener Dichter, der die Tat forderte, um das Neue Reich zu verwirklichen."[94]

Zur Begründung nimmt Karlauf (mit Wildt) ein bei Stauffenberg zur Wirkung kommendes, auf George zurückzuführendes „Ethos der Tat" an.

„Das Ethos der Tat lässt sich weder mit politischen noch mit moralischen Kriterien angemessen beschreiben; es ist wertfrei und unterscheidet sich kategorial von allem, was wir unter Haltung und Gesinnung verstehen. Es kann ebenso zur Charakterisierung von Tyrannenmord wie zur Begründung von Anarchie hilfreich sein. Brutus kümmerte es nicht, ob die Welt den Mord an Caesar mit Abscheu und Bewunderung aufnahm, er sah die Freiheit Roms in Gefahr und erfüllte seine Pflicht als

[93] AaO., S. 54.

[94] Karlauf 2019, S. 292f., unter Aufnahme eines Zitats aus: Wildt ²2000, S. 134. Der Vorabdruck einer Passage des Werkes in der *Frankfurter Allgemeinen Zeitung* ist wie folgt überschrieben: „Ethos der Tat. Wenn es einen geistigen Urheber des Hitler-Attentats am 20. Juli 1944 gab, dann war es Stefan George. Niemand hat Claus von Stauffenberg so geprägt wie der Dichter" (Karlauf 2019a). Vgl. ähnlich Krolak ²1994, S. 546f.

Bürger. Das Ethos der Tat sucht weder Ruhm noch Ehre, sein einziger Zweck ist die Tat um ihrer selbst willen. Um zu verstehen, bis zu welchem Grad an Abstraktion Stauffenberg im Juni 1944 vorstieß, muss man ein letztes Mal jene Gedankenwelt aufrufen, die ihn jetzt, kurz vor dem Ende, auf geradezu unheimliche Weise in ihren Bann zog."[95]

George habe sich „von Anfang an als ein Dichter der Tat" verstanden. Verschwörung und Umsturz hätten „zu den zentralen Vorstellungen seines Weltbilds gehört".[96] Diejenigen, die den Geist seiner Dichtung verinnerlicht hätten, würden in dem Bewusstsein leben, „dass es zu den Privilegien der Auserwählten gehörte, die Entscheidung auch unter Einsatz des eigenen Lebens zu suchen".[97] Über dieses inhaltlich nicht näher bestimmte, eher dezisionistisch verstandene Tat-Ethos hinaus sieht Karlauf auch ausdrücklich die *Ethik* Stefan Georges nachwirken. In den Gesprächen, die Claus angesichts des geplanten Umsturzes im September 1943 mit seinem Bruder Berthold führte, sei es darum gegangen, „das politisch Wünschenswerte mit der Ethik Stefan Georges zu verbinden".[98]

Das Ethos der Tat, das „wertfrei" sein soll und sich „weder mit politischen noch mit moralischen Kriterien angemessen beschreiben" lässt, bleibt recht diffus und ist bei Stauffenberg schwer nachzuweisen. Klarer kann der Einfluss Georges auf den jungen Claus von Stauffenberg

[95] Karlauf 2019, S. 292.

[96] AaO., S. 293; vgl. auch Grünewald 1982, S. 108f.

[97] Karlauf 2019, S. 293. Auch der ebenfalls dem George-Kreis verbundene Karl Josef Partsch hatte bereits 1950 in diesem Sinn Claus von Stauffenberg gewürdigt (vgl. Partsch 1950). Vgl. ferner Haffner 1978, S. 26 Anm. *: „Das Kapitel deutscher Geistesgeschichte, das ‚George-Hitler-Stauffenberg' heißt, wartet noch darauf, geschrieben zu werden."

[98] Karlauf 2019, S. 263.

in anderer Hinsicht herausgearbeitet werden. Zentral ist seine Überzeugung vom Herausgerufensein einer kleinen Schar, die sich der allgemeinen Vermassung und dem angelsächsischen Nützlichkeitsdenken, das im Begriff war, die Welt zu erobern, entgegenstellte. Das Eindringen in die Dichtung des Meisters sollte dem zivilisatorischen Niedergang des deutschen Volkes wehren. Das Programm, das George im Wesentlichen vor dem Ersten Weltkrieg entfaltet und in der 1914 veröffentlichten Gedichtsammlung *Stern des Bundes* niedergeschrieben hat, ruhte, wie Karlauf an anderer Stelle treffend zusammenfasst, auf zwei Pfeilern:

> „auf der bedingungslosen Verehrung für den Meister, der seinen Anhängern als die vollkommene Verkörperung des sokratischen Menschenbildners erschien, und auf der Überzeugung, dass die von ihm begründete Gemeinschaft über ein Geheimnis verfügte, ein Mehr an Wissen, das sie vor anderen auszeichnete und das, wie der *Stern des Bundes* festschrieb, nur in der Liebesbeziehung eines Älteren zu einem Jüngeren weitergegeben werden konnte.“[99]

Ein Gedicht des 16-jährigen Claus belegt die Intensität, mit der er sich der Verehrung Georges hingegeben hat:

> „Nur kleine schar ist zu der sicht berufen
> Nur kleine schar hat von dem hehren held geträumt
> Sie schweigen stille · haben nichts mit euch gemein
> Sie knieen gläubig an des Meisters stufen …“[100]

Stauffenberg glaubte jedenfalls, „er habe den größten Dichter seiner Zeit zum Lehrmeister gehabt“.[101]

---

[99] AaO., S. 119.
[100] Zit. in: Müller 2003, S. 56.
[101] Kramarz 1994, S. 25; Hoffmann [4]2007, S. 59.

In der Zeit der Weimarer Republik, der Zeit, in der die Brüder Stauffenberg Glieder des späten George-Kreises[102] wurden, verstärkte sich das elitäre Denken mit einer Hervorhebung des Führerprinzips gegen alle Formen von Gleichmacherei. Georges Agitation gegen den „sumpf erlogner brüderei“ steht im Dienst des Kampfes für „das Neue Reich“, wie der Titel der entsprechenden Gedichtsammlung aus dem Jahr 1928 lautet. Dort heißt es:

„Ein jung geschlecht das wieder mensch und ding
Mit echten maassen misst · das schön und ernst
Froh seiner einzigkeit · vor Fremdem stolz ·
Sich gleich entfernt von klippen dreisten dünkels
Wie seichtem sumpf erlogner brüderei
Das von sich spie was mürb und feig und lau
Das aus geweihtem träumen tun und dulden
Den einzigen der hilft den Mann gebiert ..
Der sprengt die ketten fegt auf trümmerstätten
Die ordnung · geisselt die verlaufnen heim
Ins ewige recht wo grosses wiederum gross ist
Herr wiederum herr · zucht wiederum zucht · er heftet
Das wahre sinnbild auf das völkische banner
Er führt durch sturm und grausige signale
Des frührots seiner treuen schar zum werk
Des wachen tags und pflanzt das Neue Reich.“[103]

Beides, das elitäre Denken mit der Hervorhebung des Führerprinzips und die Reichsvorstellung, findet sich in der bereits zitierten Ausarbeitung „Der Schwur“, die Claus von Stauffenberg unmittelbar vor dem Attentat verfasst bzw. redigiert hat.[104] Man kann daraus auf die

---

[102] Zur Unterscheidung verschiedener „Kreise“ vgl. EGYPTIEN ^{2}2016.

[103] GEORGE 1928, S. 38; zu Inhalt und Rezeption des Werkes *Das Neue Reich* vgl. OSTERKAMP ^{2}2016.

[104] Siehe oben S. 31 mit Anm. 66.

bis zuletzt lebendigen Nachwirkungen des Einflusses Georges schließen. Das bedeutet jedoch keineswegs, dem eine impulsgebende Bedeutung für die Umsturzvorbereitungen zuschreiben zu müssen. Wenn man bedenkt, dass es sich bei dem Führerprinzip und insbesondere der Reichsvorstellung um die Schlüsselkonzepte der republikfeindlichen „konservativen Revolution" handelte,[105] legt sich eher das Gegenteil nahe. Der Einfluss Georges dürfte gerade in den frühen Jahren die Distanzierung vom Nationalsozialismus erschwert haben.[106]

Das in poetischer Verkleidung auftretende Programm des „Neuen Reichs", das „der Dichter in Zeiten der Wirren" propagierte,[107] musste in den Jahren nach 1928 als Infragestellung der kümmerlichen Wirklichkeit der Republik wahrgenommen werden.[108] Gerade in der Krise der letzten Jahre entfaltete die Vision des Reiches eine besondere Leuchtkraft, zumal sie an eine große historische Tradition anknüpfen konnte.[109] Vor allem nach 1918 wur-

---

[105] Helmut Scheuer sieht in der „Reichsvorstellung und [der] Führer-Idee […] die größte Schnittmenge mit der NS-Ideologie" (vgl. SCHEUER 1997, S. 134).

[106] Grundlegend zur Rezeption Georges in der Weimarer Republik und im Dritten Reich: GRESSER ²2016, S. 994–1014. Müller hat zu Recht auf die in der Familie verbreitete monarchistische Kritik an Hitler und der nationalsozialistischen Bewegung hingewiesen, von der sich Stauffenberg unter dem Einfluss Georges distanziert hat (vgl. MÜLLER [1970] 2003, S. 81–88).

[107] Siehe oben Anm. 103.

[108] Robert Norton hat George in diesem Sinn als Wegbereiter des Nationalsozialismus beschrieben (NORTON 2002).

[109] Zum Folgenden immer noch grundlegend: SONTHEIMER ²1978, S. 222–243; vgl. auch MOHLER 1972, S. 24f.; NEUROHR 1957, S. 181–201 und 266–270; Überblick über wichtige Texte aus der Endzeit der Weimarer Republik und die neuere Literatur bei: KROLL 1999, S. 180f. mit Anm. 3–16.

de der Reichsgedanke als das spezifisch Deutsche den von der französischen Revolution geprägten Ideen der Menschenrechte und des Nationalstaats gegenübergestellt. Bei diesem Gegensatz ging es angeblich um die Vorherrschaft des französischen oder des deutschen Volkes. Kurt Sontheimer hat die Reichsidee als „die vielleicht wirksamste Antithese gegen den Staat von Weimar" bezeichnet,

> „weil in ihr sich die verschiedenartigsten Gruppen wie unter einem Dach zusammenfinden konnten: Vertreter eines christlich-abendländischen Reichsgedankens vorwiegend katholischer Prägung wie imperialistisch gesinnte Nationalrevolutionäre, Streiter für eine Neuordnung in Mitteleuropa unter Führung des Reiches wie Künder eines gewaltigen Imperium teutonicum, Gläubige an ein Drittes Reich unter nationalsozialistischer Führung wie Neukonservative, die das Dritte Reich etwas anders verstanden wissen wollten, und schließlich solche, die es ablehnten, die deutschen Reiche mit Nummern zu versehen, weil es immer nur das *eine* Reich gegeben habe."[110]

Einen Typus der Reichsideologie stellte das katholische Reichsdenken dar.[111] Einer der einflussreichsten Vertreter war der Publizist und Mitarbeiter Franz von Papens, Edgar Julius Jung, der sich schon bald nach der Machtübernahme zu einem entschiedenen Gegner Hitlers entwickelte und im Zuge des „Röhm-Putsches" ermordet wurde.[112] Wie bei fast allen Vertretern des katholischen Reichsdenkens wird dem westlichen Nationalstaatsgedanken, der infolge der französischen Revolution ent-

---

[110] SONTHEIMER ²1978, S. 223; vgl. auch LANGEWIESCHE 1992, S. 376f.

[111] Vgl. BREUNING 1969.

[112] Zu Jung vgl. die – freilich wenig kritische – Arbeit von FORSCHBACH 1984; ferner JAHNKE 1998; zu Jungs programmatischer Rolle im Rahmen der „konservativen Revolution" vgl. JUNG 1932, S. 379f.

standen und durch Liberalismus und Nationalstaatsdenken geprägt sei, das mit einem Führungsanspruch und dem Willen zur Wiederverchristlichung verbundene Reichsideal der Deutschen gegenübergestellt.

Im Bereich des Protestantismus hat der Publizist Wilhelm Stapel in seinem 1932 erschienenen Werk *Der christliche Staatsmann. Eine Theologie des Nationalismus* die Reichsidee mit großer Breitenwirkung propagiert.[113] Auch hier wird der Reichsgedanke unter Rückgriff auf die Geschichte als das spezifisch Deutsche den von der Französischen Revolution geprägten Ideen der Menschenrechte und des Nationalstaates gegenübergestellt.

Eine weitere Spielart der Reichsidee erhielt in Friedrich Hielschers Werk *Das Reich* eine geradezu programmatische Schrift.[114] Das Werk erlangte große Bedeutung, „obwohl es zu den abstrusesten Publikationen der konservativen Revolution zu rechnen ist".[115] Einerseits sah Hielscher im Westen und in der von dessen Traditionen geprägten Weimarer Republik den zu vernichtenden Feind des Reiches, andererseits war das Reich für ihn wie für George eine bloß innerliche, mystisch-unergründliche Wirklichkeit.

Grundlegend für alle Ausformungen des Reichsgedankens und schließlich auch von großer Bedeutung für die propagandistische Wirksamkeit des nationalsozialistischen Schlagworts vom Dritten Reich war Arthur Moeller van den Brucks zuerst 1923 erschienenes Werk

---

[113] STAPEL 1932; zum Folgenden vgl. genauer STROHM 1989, S. 103–114; zur Diskussion um das Buch vgl. KESSLER 1967, S. 169 Anm. 3.

[114] HIELSCHER 1931.

[115] SONTHEIMER ²1978, S. 231.

Das dritte Reich.[116] Moellers sowohl politische als auch metaphysisch verstandene Idee vom Dritten Reich, die ganz unbestimmt bleibt, ist in ihrem schillernden Charakter ein Paradebeispiel politischer Metaphysik. Sie bezeichnet sowohl das Reich, das der deutsche Nationalismus in nächster Zukunft errichten wird, als auch jene besondere, nie voll einlösbare Verheißung für das deutsche Volk, das Endreich. Seine enorme Wirksamkeit verdankt das Buch nicht zuletzt der Tatsache, dass die Nationalsozialisten das Titelwort aufgriffen und zu einem Schlüsselbegriff ihrer Propaganda machten.[117]

Georges Reichsvorstellung ist innerhalb des Spektrums der skizzierten Konzeptionen im Bereich derer zu verorten, denen es primär um die innere, geistige Wirklichkeit des Reiches geht. Georges poetische Predigt vom „Neuen Reich" kann aber in ihrer Rezeption nicht von den konkreten politischen Aspekten getrennt werden.[118] Deutlich wird das unter anderem an der Begründung, mit der George die Aufnahme in die Deutsche Dichterakademie im Jahr 1933 ablehnte. Einerseits wehrt er sich gegen eine Vereinnahmung durch das nationalsozialistische Regime, andererseits mussten seine – am Tag der Bücher-

---

[116] Berlin 1923; vgl. Hamza 2001.

[117] Claus-Ekkehard Bärsch hat gezeigt, dass die Nationalsozialisten den Begriff schon vor dem Erscheinen des Werkes von Moeller van den Bruck 1923 verwendet haben (vgl. Bärsch 1998, S. 45–58).

[118] Exemplarisch für die Ausblendung des zeitgeschichtlichen Kontextes der Weimarer Republik und die Verwandtschaft des Reichsdenkens Georges mit der konservativen Revolution: Riedel 2014. Infolge einer Begeisterung für den bei George ebenfalls nachwirkenden christlich inspirierten Reichsgedanken Hölderlins gerät der Gleichklang mit dem antiwestlichen, Republik-feindlichen Reichsbegriff völlig aus dem Blick.

verbrennung mitgeteilten – Worte als prinzipielle Zustimmung verstanden werden:

„die ahnherrschaft der neuen nationalen bewegung leugne ich durchaus nicht ab und schiebe auch meine geistige mitwirkung nicht beiseite. Was ich dafür tun konnte habe ich getan, die jugend die sich heut um mich schart ist mit mir gleicher meinung […] das märchen vom abseitsstehn hat mich das ganze leben begleitet – es gilt nur fürs unbewaffnete auge. Die gesetze des geistigen und des politischen sind gewiss sehr verschieden – wo sie sich treffen und wo geist herabsteigt zum allgemeingut das ist ein äusserst verwickelter vorgang. Ich kann den herrn der regierung nicht in den mund legen was sie über mein werk denken und wie sie seine bedeutung für sie einschätzen.“[119]

Zusammenfassend lässt sich sagen, dass die von Ulrich Raulff diagnostizierte zwiespältige George-Rezeption in den Jahren nach 1933 auch bei Claus von Stauffenberg zu beobachten ist.[120] Sie hat einerseits vor einer uneingeschränkten Identifikation mit der nationalen Revolution geschützt und zur Distanzierung von radikalen und vulgären Aspekten der nationalsozialistischen Herrschaft beigetragen. Andererseits haben sich die mystisch-religiöse Überhöhung des Reichsgedankens und die Hochschätzung des Führertums gegen jede Art von „Gleichmacherei“ auch gegenteilig ausgewirkt. An einem solchen Maßstab gemessen, konnte die Wirklichkeit der Weimarer Republik, gerade in den letzten Jahren der Krise, nur umso kümmerlicher erscheinen. Auch das schwer greifbare

---

[119] Zit. in: GRESSER ²2016, S. 1008 Anm. 224.

[120] Ulrich Raulff hat die ambivalente George-Rezeption mit Hilfe eines Schemas in „Ypsilon“-Form zu beschreiben versucht (vgl. RAULFF 2012, S. 51–56). Die von Sebastian Haffner gezeichnete Linie George-Hitler-Stauffenberg wird der Ambivalenz nicht gerecht (siehe oben Anm. 97). Vgl. auch MÜLLER 2003, S. 22 und 93.

„Tat-Ethos“, das Stauffenberg bestimmt haben soll, bleibt nicht ohne diese Ambivalenz. So leistete der „Tat-Kreis“, eine Gruppe um den Herausgeber der Monatsschrift *Die Tat* mit ca. 30.000 gedruckten Exemplaren, Hans Zehrer, seinen spezifischen Beitrag zur Zerstörung der Weimarer Republik. Mit George verband ihn der unversöhnliche Kampf gegen Vermassung und Rationalismus.[121] Was Klaus Mann über Georges und anderer Intellektueller Verhalten zu den konkreten politischen Veränderungen Anfang 1933 – schon im Exil befindlich – sagte, dürfte mutatis mutandis auch für den 25-jährigen Claus von Stauffenberg gelten: „In einer Art von hochmütiger Naivität glaubte man sich von dieser Sphäre derart distanziert, daß man sich einfach nicht um sie kümmern mochte.“[122]

Ein Brief an den alten Schulfreund Frank Mehnert, den George-Intimus der letzten Jahre,[123] an Weihnachten 1939 zeigt, wie stark Georges Gedankengut noch Stauffenbergs Deutung des Krieges bestimmt. Zwar ist ein leichtes Bangen zu hören, aber der Aufschwung zur geistigen Gesamtschau im Vergleich zum Ersten Weltkrieg erschwert die nüchterne Bewertung der Realität.

„Die Generation vor uns hat in einer nur noch stofflich dauernden wesenden welt das erhabene vorbild fraglosen einsatzes und opfers gegeben, hat sich als ‚volk‘ und für uns so das volk neu geschaffen. Auch das war eine einmalige not und heut haben wir ganz andere nöte. […] Inzwischen ist das meiste was geschehen kann, daß die schönheit dieses landes erhalten bleibt, daß in den langen vor uns liegenden jahren eines herben und gewiss recht eintönigen kampfes der reichtum dieses volkes nicht verloren geht, daß das ‚Deutsche Wunder‘ weiter dies land behütet. Selbst

---

[121] Vgl. dazu Fritzsche 1976.
[122] Zit. in: Gresser ²2016, S. 1009.
[123] Vgl. Karlauf 2007, S. 617 („Lieblingsjünger“).

das Meisterliche Werk würde uns nicht mehr helfen können – wenn es nicht in einigen weiterlebte – so aber kann es und wird es noch wunder wirken. Und daß – wenn es not ist – auch Du wie alle andern die waffe zu führen verstehen wirst, wissen die, die es wissen müssen."[124]

In weiteren Briefen des November und Dezember 1939 äußerte Stauffenberg die für ihn charakteristische Distanzierung von einem rein äußerlichen Verständnis des Krieges als eines Waffengangs ohne Zugang zu seinem tieferen, geistigen Sinn.[125]

Im Einzelnen entwickelte sich der George-Kreis nach dem Tod des Meisters 1933 in unterschiedliche Richtungen weiter.[126] Aus Mangel an Quellen ist es schwer möglich, Claus von Stauffenberg hier klar einer Richtung zuzuordnen. Für die frühe Zeit ist jedoch ein Zeugnis erhalten, das belegt, dass seine katholisch-christliche Prägung ihn zu einer klaren Distanzierung vom völkischen Pathos in der engsten Umgebung Georges geführt hat. Im Jahr 1927 brachte der Historiker Friedrich Wolters, der nach dem Ersten Weltkrieg zu einer der Führungsfiguren des George-Kreises geworden war, eine Rede „Vom Sinn des Opfertodes für das Vaterland" zum Druck.[127] Darin pries er den germanischen kriegerischen Opfertod für das Vaterland und klagte das Christentum an, dem Opfertod

[124] Claus von Stauffenberg an Frank Mehnert, 26. Dezember 1939, zit. in: Zeller 2008, S. 76.

[125] Vgl. auch die von Karlauf mit Hilfe des Rückgriffs auf frühere Texte Georges paraphrasierten und interpretierten Briefe Stauffenbergs an Mehnert vom 22. Oktober, 19. November, 26. November und 17. Dezember 1939 (Karlauf 2019, S. 168–172).

[126] Vgl. Raulff 2012; Egyptien ^{2}2016.

[127] Vgl. Wolters 1927, S. 5–29.

den Sinn abzusprechen und ihm „keine unbedingte letzte sittliche Wertung“[128] mehr zuzugestehen.

Unter Aufnahme von Worten Ernst Moritz Arndts rechnet Wolters mit dem traditionellen, konfessionellen Christentum ab:

> „‚Ein Volk zu sein, ein Gefühl zu haben für eine Sache, mit dem blutigen Schwert der Rache zusammenlaufen‘, rief Arndt, ‚das ist die Religion unserer Zeit; durch diesen Glauben müßt ihr einträchtig und stark sein, durch diesen den Teufel und die Hölle überwinden. Laßt alle die kleinen Religionen und tut die große Pflicht der einzig höchsten und hoch über dem Papst und Luther vereinigt euch in ihr zu *einem* Glauben. Das ist die höchste Religion: zu siegen oder zu sterben für die heilige Sache der Menschheit […]‘.“[129]

Die Rede war Stauffenberg wohl durch einen Freund zugesandt worden. In seinem Antwortbrief vom Januar 1928 urteilte er angesichts seiner – wie Peter Hoffmann zu Recht hervorhebt – ansonsten durchaus zurückhaltenden Ausdrucksweise „schonungslos scharf“.[130] Er sei von der Abhandlung „unangenehm berührt“ gewesen.[131]

2.4 Präsenz und Relevanz des christlichen Glaubens

Frühere Biographen haben zahlreiche Belege für die Präsenz des christlichen Erbes in der Kindheit und Jugend Claus von Stauffenbergs präsentiert.[132] Karlaufs

---

[128] AaO., S. 23; vgl. aaO., S. 18.
[129] AaO., S. 27.
[130] Hoffmann [4]2007, S. 97.
[131] Stauffenberg an Jürgen Schmidt [Januar 1928], zit. ebd.
[132] Vgl. bes. Kramarz 1994, S. 24f. und 260 Anm. 22; Müller 2003, S. 103–105 und 292; Zeller 2008, S. 256 und 288f.; Hoff-

Darstellung geht darauf nur am Rand ein. Stauffenberg erscheint als Antipode zu Helmuth James von Moltke, der in den letzten Lebensjahren die Bibel neu für sich entdeckte und das in zahlreichen Briefen zum Ausdruck brachte.[133] Auf dem Hintergrund heißt es dann, dass „Religion etwas Selbstverständliches" für die Stauffenbergs gewesen sei. Gleichwohl hätten Glaubensfragen Claus von Stauffenberg „regelmäßig beschäftigt".[134] Darüber hinausgehende Folgen für Selbstverständnis oder lebensgestaltendes Ethos werden nicht einmal erwogen. Hier kommt die problematische Grundentscheidung Karlaufs zur Wirkung, dass das Christentum als Phänomen eines gesteigerten Biblizismus, prinzipiell ausgerichteter, verantwortungsfeindlicher Gesinnung oder weltabgrenzenden Bekennertums gesehen wird. Christlicher Glaube in seiner volkskirchlichen Gestalt, der nur in Ausnahmefällen zum ausdrücklich bekennenden Glauben wird, kommt nicht in den Blick. Das Beispiel vieler am Widerstand Beteiligter zeigt, dass sich eben solch ein Glaube, der das Leben in zurückhaltender Weise qua Ritus und Ethos bestimmt, angesichts besonderer Herausforderungen erheblich verdichten kann und verdichtet hat.[135]

Geradezu klassisch finden sich Elemente volkskirchlichen Christentums in der deutschbaltischen Familie von Stauffenbergs Frau Nina. In ihren Erinnerungen berichtet sie, dass die sprachliche Identität für die Deutschen in

---

MANN ⁴2007, S. 28 f., 46, 63 f., 96, 153, 364–367 und 483; SCHLIE 2009, S. 45, 86 f. und 128 f.

[133] Vgl. KARLAUF 2019, S. 266–269; zu Moltke vgl. BRAKELMANN ²2007, 320–322 und 347–360.

[134] KARLAUF 2019, S. 269.

[135] Vgl. STROHM 1997; vgl. ferner KLEMPERER ²1994; RINGSHAUSEN ²2008; HERMLE/LEPP/OELKE 2019.

den baltischen Provinzen aufs engste mit der deutschen Kirchensprache verbunden gewesen sei.[136] Gerade in der Situation der infrage stehenden Heimat erhält die religiöse Identität eine besondere Emotionalität: „Der gleiche Griff schnürt die Kehle bei der Matthäuspassion wie beim russischen Kirchenchor."[137] Konfessionell-dogmatische Lehren und Formulierungen spielen eine untergeordnete Rolle, aber die qua Musik transportierten Haltungen sind von großer Bedeutung. Das wirkt sich in der Treue gegenüber Riten und in der Fähigkeit, in Zeiten der Bedrängnis aus dem christlichen Glauben Kraft zu schöpfen, aus.[138]

Claus' Vater Graf Alfred Schenk von Stauffenberg, der als Oberhofmarschall in den Diensten des evangelischen Königs von Württemberg stand, ist treffend als „überzeugter, aber nicht politischer Katholik" beschrieben worden.[139] Die Grafen von Stauffenberg hatten in ihrem Heimatort Lautlingen das Kirchenpatronat inne und erfüllten die mit dieser Verantwortung verbundenen Pflichten uneingeschränkt. Die Teilnahme am Sonntagsgottesdienst war regelmäßig, wenn auch nicht wöchentlich. Seine Frau Caroline, geb. Gräfin von Üxküll-Gyllenband, war evangelisch, musste sich aber gemäß der Tradition verpflichten, die Kinder katholisch taufen zu lassen. Sie nahm das sehr

---

[136] Vgl. die Erinnerungen Nina von Stauffenbergs: „Das Leben spielte sich mindestens dreisprachig ab. War für die Protestanten in Russland die Kirchensprache und, besonders in den baltischen Provinzen, auch die Umgangssprache Deutsch, die Amtssprache Russisch, so war Französisch die internationale Gesellschaftssprache, die auch in den Salons des vielsprachigen Riesenreichs gepflegt wurde" (zit. in: von Schulthess [2008] ²2009, S. 129).

[137] Zit. aaO., S. 127.

[138] Siehe dazu unten S. 56–60.

[139] Müller 2003, S. 26.

ernst und erzog ihre Kinder in diesem Sinn.[140] Ihr Bericht über die dramatischen Monate zwischen der Verhaftung nach dem Attentat vom 20. Juli 1944 und dem Kriegsende offenbart eine mit christlichem Erbe unmittelbar vertraute und der katholischen Kirche verbundene Protestantin.[141] Gut bezeugt ist das regelmäßige Gebet am Abend und in Zeiten der Not. Auch angesichts der Erschütterungen des Ersten Weltkriegs betete der heranwachsende Claus.[142] Im Vergleich zu seinem älteren Bruder Berthold scheint er der religiösere gewesen zu sein.[143] Für den Juli 1912 ist berichtet, dass er täglich zum Grab seines bei der Geburt verstorbenen Zwillingsbruders ging, vor dem Kreuz niederkniete und betete.[144]

In der Schulzeit blieb das katholische Christentum in vieler Hinsicht präsent, nicht nur in der dörflichen Welt der Besitzungen in Lautlingen, sondern auch im Gymnasium in Stuttgart, dem Wohn- und Arbeitsort der Eltern. Die Präsenz der konfessionellen Differenzen darf nicht unterschätzt werden. So ging Claus in eine mehrheitlich katholische Klasse des ansonsten evangelisch geprägten Eberhard-Ludwigs-Gymnasiums.[145] Sein Bruder Berthold geriet einmal mit dem katholischen Religionslehrer aneinander, da dieser Luther im Unterricht „durch derbe Verunglimpfung herabgesetzt" hatte. Nach dem Bericht eines Mitschülers suchte Berthold den Lehrer nach der Stunde auf und sagte, ohne dass er das mit den Mitschülern abgesprochen hatte, „er fühle sich für die

---

[140] Vgl. Zeller 2008, S. 7.
[141] Vgl. von Schulthess ^{2}2009, S. 143–152.
[142] Vgl. Hoffmann ^{4}2007, S. 33 und 37f.
[143] Vgl. aaO., S. 28.
[144] Ebd.
[145] Vgl. Hoffmann ^{4}2007, S. 63.

andern verpflichtet, sich energisch gegen diese niedrige und unritterliche Art des Kampfes zu wehren. Sie würden seine Stunde nicht mehr besuchen, wenn ähnliches noch einmal vorkommen sollte."[146] Ein weiteres Indiz für den Geist eines nicht-konfessionalistischen katholischen Christentums im Hause Stauffenberg findet sich in den Aufzeichnungen Caroline von Stauffenbergs. Als Neunjähriger habe Claus gemeint, „die Glaubensspaltung zwischen der alten Kirche und den Protestanten hätte vermieden werden können, wenn Luther mehr Geduld gehabt und die Päpste und Mönche zu besserem Verhalten überredet hätte; dann gäbe es nur einen Glauben, und das wäre viel schöner."[147]

Nach Ende des Ersten Weltkriegs trat Claus von Stauffenberg den „Neupfadfindern" bei, einer nicht konfessionell ausgerichteten Gruppierung der Jugendbewegung, nicht aber der Quickborn-Jugend oder einer anderen katholischen Gruppe.[148] Möglicherweise hat auch die Aushilfslehrerin Elisabeth Dipper, die Claus und seine Brüder von Juni bis September 1919 in Lautlingen unterrichtete, Spuren hinterlassen.[149] Sie stammte aus einer württembergischen Pfarrersfamilie und begann im Wintersemester 1919/20 als zweite Frau überhaupt in Tübingen das Theologiestudium.

Die nicht-konfessionalistische Gestalt des katholischen Christentums in der Familie Stauffenberg setzte sich in der nächsten Generation fort. Claus heiratete am 26. September 1933 wie sein Vater eine Protestantin. Die aus baltisch-evangelischem Adel stammende Nina Freiin von

---

[146] ZELLER (ca. 1952) ^{5}1965, S. 518 Anm. 2b.
[147] HOFFMANN ^{4}2007, S. 29.
[148] Vgl. MÜLLER 2003, S. 34–38.
[149] Vgl. auch HOFFMANN ^{4}2007, S. 43.

Lerchenfeld fügte sich den selbstverständlichen Anforderungen der Familie Stauffenberg, die Kinder katholisch taufen zu lassen, mit gewissen inneren Nöten,[150] gab aber ihren evangelischen Glauben nie auf. In Bamberg hatte sie die Schule der Englischen Fräulein besucht – als „eine der ersten beiden Protestantinnen auf der katholischen Klosterschule".[151] Da sie dort nicht konfirmiert werden konnte, schickten die Eltern sie in das von Elisabeth von Thadden geleitete evangelische Internat in Wieblingen bei Heidelberg.[152]

Die unprätentiöse Art, über den eigenen christlichen Glauben zu sprechen, fand Niederschlag in Nina von Stauffenbergs nach dem Krieg niedergeschriebener Chronik. Frei von konfessionellen Verengungen und dogmatischen Feinheiten wird der praktische Wert und Ertrag nüchtern festgehalten: Man „ergibt sich in Gottes Hand, und das ist an sich schon eine große Hilfe".[153]

Beide Ehepartner ähnelten sich in ihrem Frömmigkeitsstil. Große Reden in Sachen des Glaubens oder demonstratives Zur-Schau-Stellen der eigenen Frömmigkeit war verpönt.[154] Solche Zurückhaltung in den Ausdrucksfor-

---

[150] „Diese Entscheidung war für meine Großmutter nicht einfach. Wurde ihr vom damals zuständigen Pfarrer doch mitgeteilt, ihr würde in diesem Fall der Segen ihrer Kirche am Grabe versagt werden" (von Bechtolsheim 2019, S. 65).

[151] Von Schulthess ²2009, S. 48.

[152] Vgl. ebd.

[153] AaO., S. 39. Ein anschauliches Beispiel der Freiheit von konfessionellen Differenzen berichtet die Tochter: „[…] ein Gelübde, das sie während der Haftzeit ablegte – immer als überzeugte Protestantin: Sie gelobte, dass sie nach Vierzehnheiligen, einem Wallfahrtsort, pilgern würde, wenn sie alle ihre Kinder lebend wiedersähe" (aaO., S. 94).

[154] Über die häufigen Gespräche mit der Großmutter berichtete

men des Glaubens bedeutete aber nicht Uneindeutigkeit oder mangelnde Klarheit. Elementare Riten wie Taufe und Kommunion wurden ohne Kompromisse durchgehalten. Nach dem Attentat und dem Tod des Mannes wurde Nina von Stauffenberg, obwohl sie mit ihrem fünften Kind schwanger war, in Gewahrsam genommen und bekam am 27. Januar 1945 in Frankfurt an der Oder unter schwierigsten Bedingungen ihr jüngstes Kind. Trotz gesundheitlicher Probleme mussten Mutter und Kind angesichts der heranrückenden Front die Stadt bald darauf verlassen. Glücklicherweise fanden sie Aufnahme im katholischen St.-Josefs-Krankenhaus in Potsdam. Angesichts des dramatischen Gesundheitszustands der Tochter beschloss die Mutter, das Kind notzutaufen. Eine Schwester hatte das schon zuvor getan, ohne der Mutter etwas davon zu erzählen, um sie nicht zu beunruhigen. Dann erfolgte noch ein drittes Mal eine Taufe, dieses Mal durch einen Priester mit dem Chefarzt als Paten, jetzt aber wegen der notwendigen Tarnung unter falschem Namen.[155]

Claus von Stauffenberg hat das ihm von der Verlobten geschenkte kleine goldene Halskreuz bis zuletzt – noch

die Enkelin Sophie von Bechtolsheim: „Für sie, die immer evangelisch blieb, war es wichtig, auch nach dem Tod des Vaters die Kinder ihrer Konfession gemäß zu erziehen und ihnen das christliche Fundament zu bauen. Glaubensfragen werden in der Familie mit Diskretion behandelt, so dass diese Themen auch heute, wenn überhaupt, mit großer Zurückhaltung in offener Runde diskutiert werden. Bei meinem Großvater wird es ähnlich gewesen sein“ (VON BECHTOLSHEIM 2019, S. 65).

[155] VON SCHULTHESS ^{2}2009, S. 101–104; vgl. aaO., S. 104: „Mir war Munis Taufe wichtig, und so wurde sie getauft, offiziell als Konstanze Schank – inoffiziell ging der Taufschein mit ihrem richtigen Namen an das Bischofsamt Berlin, von wo ich später ihren korrekten Taufschein bekam.“

bei der Hinrichtung – getragen.[156] Dass es sich dabei um mehr als eine romantische Erinnerung handelte, zeigt die Wahrnehmung dieses Sachverhalts durch die Umstehenden. Dass er das Kreuz nicht einmal beim Sport ablegte, provozierte freundlichen Spott. Der spätere Oberst i. G. Hermann Teske berichtete über die gemeinsame Zeit in der Kriegsakademie in Berlin vom Oktober 1936 bis Januar 1938, dass Stauffenberg sein goldenes Kettchen mit dem Kreuz auch beim Handballspiel um den Hals getragen und der befreundete Mertz von Quirnheim ihn jedes Mal mit den Worten „Stauffenberg, nimm Deine Religion ab“ aufgezogen habe.[157]

In den Verhören nach dem Attentat berichtete Hauptmann d. R. Hermann Kaiser, der als Mitarbeiter im Stab des Befehlshabers des Ersatzheeres zu den engsten Mitverschwörern Stauffenbergs zählte, dass dieser „stets ein goldenes Kreuz auf der Brust trug“. Dann notierte der verhörende Beamte weiter: „Kaiser versieht die Eintragung in seinem Tagebuch, daß er dies einmal beim Waschen beobachtet habe, mit der Bemerkung: ‚Ich finde das schön‘.“[158] Bezeichnend ist nicht nur die Notiz des Protestanten Kaiser, der den Vorgang erwähnenswert findet, sondern ebenso der Sachverhalt, dass der Vorgang von dem verhörenden Beamten als so aussagekräftig erachtet wird, dass er Eingang in die Berichte an den Chef der Sicherheitspolizei und des SD sowie den Reichsleiter der NSDAP gefunden hat. Bereits in den zehn Monaten auf der Infanterie-Schule in Dresden von Oktober 1927 bis Anfang August 1928 war das Nicht-Ablegen des

156 Vgl. Zeller 2008, S. 285.

157 Auskunft Teske an Peter Hoffmann, 8. Mai 1973, zit. in: Hoffmann [4]2007, S. 546 Anm. 87.

158 Jacobsen (Hg.) 1989, S. 167.

Kreuzes aufgefallen.[159] Hier ging er „wenigstens einmal im Monat" zum Gottesdienst in die katholische Hofkirche am Schloßplatz.[160]

In den Jahren der nationalsozialistischen Herrschaft beobachteten ihm Nahestehende „da und dort auch ein unaufdringliches Zeichen seiner kirchlichen oder religiösen Einstellung, von der er kaum sprach, die er aber nie ableugnete, ein Gebetbuch, ein Kreuz."[161] Es finden sich keine Indizien dafür, dass Stauffenbergs bewusst katholisches Selbstverständnis mit dem Anbruch des Dritten Reichs zurücktrat. Am Ostermorgen des Jahres 1933 führte er die katholischen Soldaten seines Regiments zur Messe und zur Kommunion.[162] Am 30. Dezember 1937 übernahm er das Patenamt für den ersten Sohn seines älteren Bruders Berthold und sprach in der Tischrede nicht nur von der Treue zur Familie und zum Staat, sondern auch von der Treue zu Gott.[163] Wenn er zu seiner Familie nach Hause kam, besuchte er den sonntäglichen Gottesdienst selbstverständlich immer in Uniform.[164] In der Situation des verschärften Konflikts der Partei mit den Kirchen war ein

---

[159] „Stauffenberg trug auch beim Sport in Turnhose und Turnhemd ein goldenes Kettchen mit einem kleinen goldenen Kreuz; ein Kamerad suchte es ihm auf dem Rücken zu verbergen, als der Ausbilder in die Sporthalle eintrat; dieser hielt es jedoch nicht für unerlaubten Schmuck, sondern für das Bekenntnis eines gläubigen Katholiken zu seiner Kirche" (HOFFMANN ^{4}2007, S. 96 und 528 Anm. 48 mit weiteren Belegen für die Wahrnehmung Stauffenbergs als eines bewussten Katholiken).

[160] AaO., S. 100.

[161] So Dietz Freiherr von Thüngen in einem schriftlichen Bericht vom 25. Januar 1946, zit. in: MÜLLER 2003, S. 105; vgl. auch aaO., S. 247; SCHLIE 2009, S. 86f.

[162] Vgl. HOFFMANN ^{4}2007, S. 123.

[163] Vgl. aaO., S. 152f.

[164] Vgl. VON BECHTOLSHEIM 2019, S. 65.

solches Verhalten ein klar wahrgenommenes, öffentlich sichtbares Bekenntnis zur katholischen Kirche. Stauffenberg selbst beschrieb einmal den Unterschied zwischen den SS-Truppen und der Wehrmacht damit, dass jene besser ausgerüstet wären und keine Divisions-Geistlichen hätten.[165]

Man kann auch die Erinnerungen der überlebenden Kinder des Ehepaars Stauffenberg als Hinweis auf die selbstverständliche und klare Bindung der Eltern an das zunehmend bedrängte Christentum heranziehen.[166] Eine Erinnerung ist in besonderer Weise aussagekräftig für die undogmatische, aber gerade in den Jahren der Bedrängnis zugleich profilierte Gestalt des Christentums im Hause Stauffenberg. Nach dem gescheiterten Attentat wurden die Kinder der Beteiligten abgeholt und zur Umerziehung in ein Heim im Harz gebracht, um Hitlers Willen, die Familie des Attentäters vollständig auszulöschen, zu verwirklichen. Auf die dort erlebten Umerziehungsversuche, zu denen die Abschaffung des Tischgebets gehörte, reagierte der älteste der Stauffenberg-Söhne mit Spott und Verachtung: Statt des daheim gewohnten Tischgebets vor den Mahlzeiten hätte man jetzt aufzusagen gehabt: „Messer, Gabel, Löffelchen, heute gibt's Kartöffelchen."[167]

Es finden sich keinerlei Zeugnisse für eine Beteiligung Stauffenbergs am „Kirchenkampf" oder konkrete Reaktionen auf die bald nach der Machtübernahme Hitlers einsetzenden Katholikenverfolgungen. Die insgesamt

---

[165] Vgl. Kramarz 1994, S. 107.

[166] Berthold von Stauffenberg 2019; hier über den Vater: „Aber der Glaube war ihm wichtig, ohne dass er jetzt fanatisch katholisch war."

[167] Von Bechtolsheim 2019, S. 72.

positive Bewertung des „Röhm-Putsches“[168] kann als Indiz dafür gewertet werden, dass Stauffenberg über die genaueren Umstände nicht informiert war. Es gibt keinen Hinweis auf eine Kenntnis des Sachverhalts, dass Hitler, Himmler und Göring bei dieser Gelegenheit nicht nur die SA-Führung beseitigen, sondern auch noch Gegner aus dem Bereich der katholischen Kirche wie den Leiter der Berliner Katholischen Aktion, Erich Klausener, oder den Redenschreiber Franz von Papens, Edgar Julius Jung, ermorden ließen. Eine Reaktion auf die Aufsehen erregende Enzyklika „Mit brennender Sorge“ vom 21. März 1937, in der Papst Pius XI. die bedrängte Lage der römisch-katholischen Kirche in Deutschland behandelte und die Ideologie des Nationalsozialismus kritisierte, ist ebenfalls nicht belegt.

Gleichwohl finden sich lange vor der Entscheidung für die Beteiligung an Umsturzvorbereitungen Hinweise auf eine klare Abgrenzung gegen die christentumsfeindliche Ideologie der Nationalsozialisten. In einem Gespräch mit Hauptmann i.G. Helmut Staedke äußerte Stauffenberg Anfang 1940 seine „Empörung über Goebbels, der in einer Rede sagte, der deutsche Soldat werde in diesem Krieg viel tapferer kämpfen als einst die Kreuzritter, weil es heute nicht um eine Fiktion, sondern um Brot und Lebensraum gehe.“[169] Im Sommer 1937 attestierte Stauffenberg seinem Bruder Alexander „civilcourage“, als der sich in einem Vortrag über Theoderich den Großen auf dem Historikertag in Erfurt von der nationalsozialistischen

[168] Siehe oben S. 25.

[169] Hoffmann [4]2007, S. 208; mit Bezug auf einen Brief Helmuth Staedkes an J. Kramarz, 13. Januar 1963, zit. in: Kramarz 1994, S. 79.

Verherrlichung der Germanen abgegrenzt hatte.[170] Dem „Begründer eines universellen Imperiums christlicher Prägung", Konstantin dem Großen, sei es gelungen, die Germanen auf höchst erfolgreiche Weise zu integrieren. So beginne

> „die früheste Phase einer wahrhaft germanischen Geschichte als Weltgeschichte im Grunde erst seit Konstantin, unter dem das Germanische zum ersten Male sichtbar wird als gestaltende Macht und mit den beiden übrigen das Mittelalter bestimmenden Geistmächten des Christentums und des antiken Erbes in einer besonderen Mischung zur Formung des Lebens zusammentritt."[171]

In der anschließenden Berichterstattung unter anderem in der *Deutschen Allgemeinen Zeitung* und der *Frankfurter Zeitung* wurde klar vermerkt, dass das eigentliche Thema der kontroversen Debatte „die Frage des Anteils des Christentums an der deutschen mittelalterlichen Kultur" gewesen sei.[172]

Man kann die vielfältigen Bekräftigungen, dass das Christentum neben der Antike die wesentliche Kraft gewesen sei, die das Abendland geschaffen habe, ebenfalls als Ausdruck der katholischen Haltung verstehen, auch wenn hier Georges Einfluss gleicherweise in Rechnung zu stellen ist.[173] Dass der erwähnte Kirchgang in Uniform unter den Bedingungen des Dritten Reichs als ein Bekenntnisakt zu werten ist, zeigt eine Szene besonders klar: Im Zuge seiner Verwendung als Chef des Stabes

---

[170] Vgl. HOFFMANN [4]2007, S. 170.

[171] Alexander VON STAUFFENBERG 1938, S. 117f.

[172] HOFFMANN [4]2007, S. 169f.

[173] Zu dem kurz vor dem Attentat entstandenen „Schwur" siehe oben S. 31; zur Mitarbeit an einer Gneisenau-Studie im Jahr 1937 vgl. HOFFMANN [4]2007, S. 175f.

im Allgemeinen Heeresamt seit September 1943 kam es am 7. Juni 1944 zu Stauffenbergs erster Besprechung bei Hitler auf dem Berghof am Obersalzberg. Am folgenden Tag nahm er zusammen mit Oberstleutnant i. G. Franz Herber vor der Rückfahrt nach Berlin an der Fronleichnams-Prozession in Berchtesgaden teil.[174]

Man mag im Tragen des Kreuzes oder der Teilnahme am Gottesdienst nur eingeschränkte Indizien für die Bindung an den christlichen Glauben sehen. In einem christentumsfeindlichen Kontext gewann solches Verhalten jedoch Bekenntnischarakter. So ist es auch in der Umgebung wahrgenommen worden. Ein Bekannter Stauffenbergs, Dietz Freiherr von Thüngen, hat das nach dem Krieg mit folgenden Worten beschrieben: „Unter dem äußerlichen Zeichen verbarg sich wohl ein immer stärker attackiertes moralisches und religiöses Gewissen, das durch kein Argument mehr sich beschwichtigen ließ."[175]

Was für die Praxis katholischer Riten in einem Kontext christentumsfeindlicher Herrschaft gilt, trifft ebenso auf die traditionellen christlichen Normen und Moralvorstellungen zu. Auch hier kam es in zunehmendem Maß zu Konfliktkonstellationen, die zur Entscheidung herausforderten. Zwar ist der nationale Gedanke und ein gewisses Maß an elitär-hierarchischem Denken mit allen möglichen, auch völkischen Tendenzen von den Zeitgenossen durchaus als mit dem christlichen Glauben vereinbar angesehen worden. Jedoch sind die Vergötzung der Rasse oder die Aussonderung von sog. unwertem Leben und der damit verbundene offensichtliche Verstoß

---

174 Vgl. Hoffmann ^{4}2007, S. 415.

175 Dietz Frhr. von Thüngen, Niederschrift über Claus Stauffenberg, 25. Januar 1946 (Sammlung Zeller/IfZG), 4, zit. in: Müller 2003, S. 247.

gegen das biblische Tötungsverbot in einem breiten Konsens für unvereinbar mit dem christlichen Glauben erklärt worden. Die katholische Kirche hat hier schon in der Zeit der Weimarer Republik klare Worte gefunden.[176]

Die Begeisterung über den nationalen Aufbruch nach der katastrophalen Niederlage im Ersten Weltkrieg und die von Georges Dichtung transportierte Weltanschauung haben bei Stauffenberg und anderen die angelegte Abgrenzung von der nationalsozialistischen Ideologie erschwert und verzögert. Jedoch gibt es ausreichend Indizien für die Annahme, dass die in den Verhören nach dem gescheiterten Attentat formulierte Empörung über die umfassende Verletzung des Rechts und elementarer Moral bei den „konfessionell stark gebundenen" Männern im Umkreis Stauffenbergs auch schon in den Jahren zuvor bestimmend gewesen ist.[177]

Wiederherstellung der Moral schien Stauffenberg nicht ohne Rückgriff auf das Christentum möglich zu sein. Etwa drei bis vier Wochen vor dem Attentat hatte er mit den Mitverschwörern Peter Yorck von Wartenburg, Ulrich-Wilhelm Graf Schwerin von Schwanenfeld und Fritz-Dietlof von der Schulenburg eine lange Unterhaltung darüber, „daß das *Christentum wieder die tragende seelische Kraft der Zukunft* sein sollte."[178] In den Verhörberichten fügt der verhörende Beamte an:

---

[176] Vgl. STROHM ³2020, S. 15 (mit Belegen).

[177] „Ein großer Teil von Personen, sowohl im Stauffenberg-Kreis wie in der Gruppe Goerdeler wie im Gewerkschaftsklüngel, ist konfessionell stark gebunden" (JACOBSEN [Hg.] 1989, S. 233 [Bericht vom 16.8.1944]). Zur gemeinsamen Überzeugung einer Zerstörung von Recht und Moral vgl. nur die für den Fall des gelungenen Attentats vorgesehene Regierungserklärung, abgedr. aaO., S. 147–156, bes. 147–151.

[178] AaO., S. 167; vgl. auch MÜLLER 2003, S. 292.

„Generalfeldmarschall von Witzleben, selbst stark kirchlich eingestellt, sagte aus, daß nach den Wünschen der Verschwörer die *politische Richtung der neuen Regierung* mit ihrer mehr bürgerlichen Orientierung das *Christentum stärker in den Vordergrund stellen* sollte."[179]

In der von ihm mitverfassten, für den Fall des erfolgreichen Attentats vorgesehenen Regierungserklärung wird die Bedeutung der christlichen Religion für die Sittlichkeit stark betont, auch wenn man ebenso klar die Trennung von Kirche und Staat sowie Toleranz gegenüber Andersgläubigen fordert.

„Die zerbrochene *Freiheit des Geistes*, *des Gewissens*, *des Glaubens* und *der Meinung* wird wiederhergestellt. Die Kirchen erhalten wieder das Recht, frei für ihr Bekenntnis zu wirken. Sie werden in Zukunft vom Staate getrennt leben, weil sie nur in Selbständigkeit und unter Fernhaltung von aller aktiven politischen Betätigung ihrer Aufgabe gerecht werden können. Das Wirken des Staates wird von christlicher Gesinnung in Wort und Tat erfüllt sein; denn dem Christentum verdanken wir den Aufstieg der weißen Völker, verdanken wir die Fähigkeit, die schlechten Triebe in uns zu bekämpfen. Auf diese Bekämpfung kann keine völkische und staatliche Gemeinschaft verzichten. Aber echtes Christentum verlangt auch Duldsamkeit gegenüber den Andersgläubigen, ja gegenüber jedem Freidenker."[180]

Stauffenberg wurde bereits im Winter 1939/40 von seinem Onkel Nikolaus Graf Üxküll auf eine Mitwirkung an Umsturzvorbereitungen angesprochen, sah sich aber damals nicht dazu in der Lage. Dass sich die Ablehnung nur auf den Zeitpunkt und nicht den Sachverhalt an sich bezog, ist reine Spekulation. Es fehlen Belege für eine

---

179 Jacobsen (Hg.) 1989, S. 167f.

180 AaO., S. 150.

Bereitschaft vor dem Jahr 1942.[181] Durch die Anfrage, ebenso auch durch die Kontakte mit Schulenburg und seinem Vetter Peter Yorck von Wartenburg stand aber die Frage des aktiven Widerstandes gegen Hitler im Raum. So ist zwar nicht von einem zügigen und klaren Weg in diese Richtung auszugehen, aber ein vermehrtes Ringen in der Sache seit dem Jahr 1940 anzunehmen.

Dabei hat Stauffenberg wie viele andere am Widerstand Beteiligte verstärkt auf religiöse Sprache und christliche Lehren zurückgegriffen. Vielfach wird von Überlebenden über Diskussionen zur Frage der Legitimation des Tyrannenmordes durch die christliche Lehre berichtet.[182] Die Diskussionen darüber waren so eingehend, dass Stauffenberg auch über die unterschiedlichen Nuancen in der evangelischen und katholischen Tradition informiert war. Im Oktober 1943 brachte Stauffenberg sie dem Protestanten Axel von dem Bussche gegenüber mit folgenden Worten zum Ausdruck:

„Natürlich haben wir Katholiken eine andere Einstellung dazu, weil es in der katholischen Kirche eine Art stillschweigender Übereinkunft gibt, daß unter gewissen Umständen ein politischer Mord gerechtfertigt werden kann."[183] „Die katholische

---

[181] Vgl. HOFFMANN ^{4}2007, S. 203 f.; gegen MÜLLER 2003, S. 167 f. Als zuverlässig können die Aussagen, die Major i. G. Joachim Kuhn im September 1944 in russischer Gefangenschaft formuliert hat und die sich u. a. auf ein Gespräch mit Stauffenberg im August 1942 beziehen, gelten. Stauffenberg hat hier als Motive für die Umsturzvorbereitung „die Behandlung der Bevölkerung durch die deutsche Zivilverwaltung, de[n] Mangel an politischer Zielgebung für die besetzten Länder [sowie] die Judenbehandlung" genannt. Der erst in den 1990er Jahren bekannt gewordene Text findet sich im Faksimiledruck in: HOFFMANN 2007, S. 186–210, hier: 190.

[182] Vgl. HOFFMANN ^{4}2007, S. 411.

[183] Zit. in: MÜLLER 2003, S. 332.

Lehre vom Tyrannenmord sei in der Tat weniger streng als die evangelische, doch auch Luther habe die Anwendung letzter Gewalt in extremer Situation erlaubt."[184]

Im Dezember 1943 suchte Stauffenberg in einem Gespräch mit Major Ludwig Freiherr von Leonrod dessen Zweifel an der Legitimität des mit den Umsturzvorbereitungen gegebenen Bruchs des Eides gegenüber Hitler auszuräumen. Er meinte, dass „in einer solchen Notlage auch ein an und für sich als heilig anzusehender Eid nicht mehr gültig sei."[185] Im Verhör nach dem Attentat fasste Leonrod das Gespräch wie folgt zusammen: „*Als gläubiger Katholik sei ich auf Grund der Ausführungen* STAUFFENBERGS *über die politische und militärische Lage schon gewissensmäßig verpflichtet entgegen diesem Eid zu handeln.*"[186] Der verhörende Beamte kommentierte das mit einer bemerkenswerten Einschätzung:

„Die starke katholische Bindung des Kreises um STAUFFENBERG ergibt sich, bis in eine absolute Kirchenhörigkeit hineingesteigert, aus der Haltung des Majors von LEONROD. In der Besprechung zwischen STAUFFENBERG und LEONROD hat STAUFFENBERG gerade die naive Gläubigkeit LEONRODS als Katholik benutzt, um ihn zum Bruch des Eides gegenüber dem Führer zu verleiten."[187]

Am Abend des 19. Januar 1944 fand eines von mehreren Gesprächen Stauffenbergs mit seinem Vetter Yorck von Wartenburg statt, in dem es um die Begründung der Notwendigkeit eines Umsturzes und die unterschiedlichen

---

[184] Ebd.; vgl. VON DEM BUSSCHE 1947.

[185] JACOBSEN (Hg.) 1989, S. 435.

[186] So die Aussage Leonrods in den Verhören nach dem Attentat, vgl. ebd.

[187] Ebd.

Auffassungen von der Art und Weise, wie er zu geschehen habe, ging.[188] Stauffenberg warb hier gerade mit ethisch-moralischen Gründen für die Überwindung der Zurückhaltung im Blick auf Gewaltanwendung.[189] Yorck von Wartenburg hat berichtet, dass Stauffenberg empört über einen gerade herausgegebenen Befehl Kaltenbrunners gesprochen habe, „der für 40.000 oder 42.000 ungarische Juden ‚Sonderbehandlung' in Auschwitz anordne".[190]

Der Zeitpunkt, an dem aus der Empörung über nationalsozialistische Gräueltaten im Osten und an den Juden bei Stauffenberg eine Beteiligung an Umsturz- und Attentatsvorbereitungen wurde, ist in der Forschung umstritten.[191] Im Falle Schulenburgs ist die Kenntnis des Lagers in Auschwitz für den November 1941 belegt.[192] Moltke erfuhr am 20. März 1942 von seinem Schwager, dass bei Auschwitz tausende Juden in Gaskammern getötet wurden. Im Mai 1942 erhielt Stauffenberg den Bericht eines Offiziers über Massenerschießungen von ukrainischen Juden durch SS-Leute. Rittmeister d.R. Hans Heinrich Herwarth von Bittenfeld berichtete, Stauffenberg habe mit dem Ausspruch, dass Hitler beseitigt werden müsse, reagiert.

---

[188] Vgl. dazu den Hinweis im Brief Helmuth James von Moltkes an seine Frau Freya vom 11. Januar 1945, abgedr. in: MOLTKE 1988, S. 607–612, hier: 609.

[189] Vgl. MÜLLER 2003, S. 370.

[190] ZELLER (ca. 1952) ^{5}1965, S. 506 Anm. 9.

[191] Peter Hoffmann sieht die entscheidende Entwicklung „vom Gegner des Attentats aus Vernunftgründen zum Befürworter aus ethischen Gründen" im April 1942 vollzogen (HOFFMANN ^{4}2007, S. 272).

[192] Vgl. hierzu und zum Folgenden (mit Nachweisen) aaO., S. 262 und S. 773 Anm. 48–51.

Die Wahrnehmung, Schuld auf sich geladen zu haben, ist bei allen an den Umsturzvorbereitungen Beteiligten nachweisbar. Stauffenberg war durch seine Fronteinsätze, die Tätigkeiten in der Operationsabteilung des Generalstabs des Heeres sowie als Chef des Stabes im Allgemeinen Heeresamt und beim Befehlshaber des Ersatzheeres zur Überzeugung gelangt, dass eine Fortsetzung des Krieges verantwortungslos wäre. Dem nicht Einhalt zu gebieten, hieße Schuld auf sich zu laden. Seinem langjährigen Freund Peter Sauerbruch gegenüber formulierte er das mit folgenden Worten: „Ich könnte den Frauen und Kindern der Gefallenen nicht in die Augen sehen, wenn ich nicht alles täte, dieses sinnlose Menschenopfer zu verhindern."[193]

Ende des Jahres 1943 war Annabel Siemens, die Tochter einer Schwester Yorck von Wartenburgs, engagiert worden, um Stauffenberg den Berliner Haushalt zu führen. Im Februar 1944 äußerte Stauffenberg bei einem der seltenen Gespräche den Satz: „Jetzt muß ich wieder an meinen Schreibtisch und Zehntausende in den sinnlosen Tod schicken."[194] Auf Rückfrage verwies er auf seine Aufgabe, für Ersatz an der Ostfront zu sorgen. Bei anderer Gelegenheit fragte Stauffenberg Annabel Siemens, ob sie glaube, dass man sein eigenes Seelenheil opfern müsse, um Zehntausende zu retten. Offensichtlich kannte die Protestantin die betreffenden Bibelstellen und antwortete ohne Zögern mit „ja".[195]

---

[193] Zit. in: Kramarz 1994, S. 150.

[194] Zit. in: Hoffmann [4]2007, S. 334; vgl. auch Karlauf 2019, S. 269 (mit Bezug auf Hoffmann, aber in etwas anderer, jüngerer Version nach: von Hentig 2008, S. 35).

[195] Vgl. Hoffmann [4]2007, S. 334.

Früher und klarer als Stauffenberg hat der ihm eng verbundene Mitverschwörer Hellmuth Stieff die Wahrnehmung von Schuld und Scham zum Ausdruck gebracht. Bereits am 10. Januar 1942 schrieb er in einem Brief:

„Wir alle haben so viele Schuld auf uns geladen – denn wir sind ja *mit*verantwortlich, daß ich in diesem einbrechenden Strafgericht nur eine gerechte Sühne für alle die Schandtaten sehe, die wir Deutschen in den letzten Jahren begangen bzw. geduldet haben. Im Grunde befriedigt es mich zu sehen, daß es doch eine ausgleichende Gerechtigkeit auf der Welt gibt. Und wenn ich ihr selbst zum Opfer fallen sollte. Ich bin dieses Schreckens ohne Ende müde."[196]

Nicht nur die Mitverantwortung an den Verbrechen des Regimes, sondern auch die Schuld, die mit dem Nichteingreifen gegeben ist, wird mit religiösen Kategorien zur Sprache gebracht. Stauffenbergs Cousin Caesar von Hofacker griff auf die neutestamentliche Terminologie, mit der die schlimmste Sünde bezeichnet wurde, zurück: Er sei jetzt so weit gekommen, dass „jedes ungenutzte Verstreichenlassen auch nur weniger Stunden eine Sünde wider den heiligen Geist und ein Verstoß nicht zuletzt gegen meine Pflichten als Mann einer deutschen Frau und Vater deutscher Kinder" gewesen wäre.[197]

Es lässt sich nicht zeitlich exakt fassen, wann sich die Wahrnehmung von Scham und Schuld bei Stauffenberg mit Empörung verbunden und zum Entschluss, sich an Umsturz- und Attentatsvorbereitungen zu beteiligen,

---

[196] Zit. in: Mühleisen 1991, S. 377. Bereits angesichts der Pogrome vom 9. November 1938 und der Verbrechen in Polen 1939 findet sich in den Briefen Stieffs der Aufschrei: „Ich schäme mich, ein Deutscher zu sein!" (vgl. die Nachweise aaO., S. 343 f.).

[197] Brief an seine Frau vom 17. [10.?] Juli 1944, zit. in: Hoffmann [4]2007, S. 420f. und S. 627 Anm. 85; vgl. auch Mt 12,31.

geführt hat. Auch muss das Verhältnis moralischer und religiöser Beweggründe zu Urteilen militärischer Rationalität über die Sinnlosigkeit der Fortsetzung des Krieges offen bleiben. Angesichts der Tragweite der Entscheidungen ist mit erheblichen Schwankungen zu rechnen, so dass allein schon darum eine Fixierung eines Datums oder engeren Zeitraums der Entscheidung wenig plausibel ist. Selbst verstärkte religiöse Bindungen sind in dieser Hinsicht nicht eindeutig zu bewerten, denn sie wirkten sich ja keineswegs einfach widerstandsfördernd aus. Vielmehr erhöhten sie zugleich die Hürden für den mit dem Widerstand verbundenen Eidbruch und Verstoß gegen die Gehorsamspflicht bzw. den Verstoß gegen das Tötungsverbot, der mit dem Attentat notwendig gegeben war.

Zudem kamen ganz andere Faktoren zur Wirkung. Im Fall Stauffenbergs spielen wohl zwei persönlich einschneidende Erfahrungen eine wichtige Rolle. Die am 7. April 1943 bei einem Tieffliegerangriff in der Nähe des Chabita-Khetati-Passes in Tunesien erlittenen lebensgefährlichen Verletzungen und der mühsame, unter Schmerzen geführte Kampf zurück ins Leben in den darauffolgenden Monaten bildeten einen tiefen Einschnitt. Auch die Erschütterung durch den Tod des engsten Freundes Frank Mehnert an der Front in Russland am 26. Februar 1943 dürfte sich auf den Durchbruch zur Entscheidung ausgewirkt haben.

In alledem ist unzweifelhaft, dass das Ringen bei Stauffenberg wie bei vielen anderen mit einem verstärkten Rückgriff auf das christliche Erbe verbunden ist. So ließ er seinen Fahrer am Vorabend des Attentats, am 19. Juli 1944, auf der Heimfahrt von einem Treffen mit dem Mitverschwörer Adam von Trott zu Solz vor der Rosenkranz-Basilika in Steglitz halten und begab sich für eine

Zeit hinein.[198] Kurz zuvor hatte er den Berliner Bischof Graf von Preysing in seinem Krankenlager im Hermsdorfer Krankenhaus aufgesucht.

„Er sprach mit ihm kein Wort von einem bevorstehenden Staatsstreich oder Attentat, geschweige daß er auch nur andeutend eine seelsorgerliche Billigung einer solchen Tat zu erwirken versuchte, wie der begleitende Monsignore bekundet hat. Doch führten sie das Gespräch über äußere und innere Schicksale Deutschlands bis zu einem Punkt, daß an einer tiefer gefühlten Einstimmung in der Haltung kein Zweifel blieb. Der Bischof hat ihm den Segen seiner Kirche nicht vermitteln können, aber ihm seinen eigenen priesterlichen Segen gegeben, wie er der Mutter des Grafen nach dem Zusammenbruch mitgeteilt hat."[199]

Yorck von Wartenburg berichtete in den Verhören, „daß zwischen den politischen Gesprächen häufig über liturgische Fragen, z. B. über die Ausgestaltung des Abendmahlsgottesdienstes diskutiert worden ist."[200] Hier zeigen sich Veränderungen, denn für die früheren Jahre fehlen Hinweise auf die Beschäftigung mit solchen Fragen vollständig. Welcher Stellenwert ist diesem Sachverhalt für Stauffenbergs Leben und seinen Weg in den Widerstand zuzuschreiben?

---

[198] Vgl. Hoffmann [4]2007, S. 450f. Bei Sophie von Bechtolsheim ist zu lesen, dass ihn „sein Fahrer einige Tage vor dem Attentat zum Gebet in die menschenleere Rosenkranz-Basilika gebracht hatte" (von Bechtolsheim 2019, S. 66). Schlie spricht unzutreffenderweise von einer Kirche „in Dahlem" (Schlie 2009, S. 45).

[199] Zeller 2008, S. 256; vgl. auch Zeller [5]1965, S. 544 Anm. 15; Kramarz 1994, S. 182f.; Müller 2003, S. 379f.; vgl. ferner Jacobsen (Hg.) 1989, S. 390 und 437f.

[200] Jacobsen (Hg.) 1989, S. 167.

2.5 Wider die Rückprojektion gegenwärtiger Verflüchtigung religiöser Bindungen

Karlauf verbannt nicht nur moralische Kategorien aus der Stauffenberg-Deutung, sondern behandelt auch die Bedeutung des christlichen Glaubens und der kirchlichen Bindung für den Lebensweg Stauffenbergs als zu vernachlässigende Größe.[201] Ein wichtiger Beleg dafür ist ihm die Aussage des Bruders Berthold von Stauffenberg, wie sie in den Verhörprotokollen erhalten ist:

„*Wir sind zwar nicht das, was man im eigentlichen Sinn gläubige Katholiken nennt. Wir gingen nur selten zur Kirche und nicht zur Beichte.* Mein Bruder und ich sind der Meinung, daß aus dem Christentum heraus kaum noch etwas Schöpferisches kommen könne."[202]

Der Protokollierende hebt im Sinne der nationalsozialistischen Kirchenkritik das Interesse der Stauffenbergs an der herrschaftsstabilisierenden Funktion des Christentums hervor:

„Von der engeren Verschwörerclique hat sich [Claus von] Stauffenberg selbst sehr stark mit der Frage befaßt, inwieweit sich das neue Regime die Kirchen als ein Mittel der Menschenführung und -beherrschung dienstbar machen könnte. [...] Berthold Stauffenberg fügte hinzu, er sei Patronatsherr der Kirche in Lautlingen und deshalb verpflichtet gewesen, dann und wann zur Kirche zu gehen. Das Verhältnis zur Kirche resultierte aus einer alten Tradition. Die Kirche war ein wesentlicher Ort der Familienrepräsentation. Wie hoch die Stauffenbergs den Wert der Kirche für das Verhalten der Untertanen ansetzten, zeigt sich darin, daß der Oberst von Stauffenberg, obgleich er

---

[201] Zu den drei nach Karlaufs Darstellung prägenden Faktoren Soldatentum, Adel und George-Kreis siehe oben S. 22–24.

[202] Jacobsen (Hg.) 1989, S. 435.

selbst kaum in die Kirche ging, seinen Fahrer SCHWEITZER aufforderte, öfter in die Kirche zu gehen."[203]

Das offensichtliche Ernstnehmen katholischer Traditionen und kirchlicher Vorgaben wird dann wiederum als eine Art „Starrsinn" relativiert:

> „Typisch dafür, wie starr bei den STAUFFENBERGS auf die Form gehalten wurde, ist die Aussage von Berthold STAUFFENBERG: ‚Meine Familie ist traditionsgemäß stark mit der katholischen Kirche verwurzelt. *Es ist immer Wert darauf gelegt worden, daß die Kinder katholisch werden.* Auch die Frau meines Bruders, die evangelisch war, ist katholisch getraut worden und hat sich verpflichtet, die Kinder katholisch erziehen zu lassen.'"[204]

Das Christentum erscheint hier eher als mitgeschleppte Reminiszenz, an der aus sekundären Gründen festgehalten wird. Bei der Interpretation der Quelle ist jedoch aus drei Gründen Vorsicht geboten. Erstens dürfen die Aussagen Berthold von Stauffenbergs nicht unbesehen auf Claus von Stauffenberg übertragen werden. Schon seit Jugendzeiten hatte dieser einen positiveren und lebendigeren Zugang zu Inhalten und Praktiken des christlichen Glaubens. Zweitens handelt es sich bei dem Protokoll um eine tendenziöse Darstellung des verhörenden Beamten. Die Wiedergabe des Verhörs zielt darauf ab, die Ernsthaftigkeit des Christentums der Stauffenbergs in Frage zu stellen. Der Protokollant charakterisiert es als ein Mittel, mit dem Adelskreise ihre Herrschaftsmacht über die einfachen Menschen aufrecht zu erhalten suchten. Die Authentizität des Christentums der Stauffenberg-Brüder wird in Frage gestellt, um deren Interesse an der Nutzung des Christentums der Untertanen für die

---

[203] Ebd. [richtig: Schweizer].
[204] Ebd.

Stabilisierung der eigenen adligen Herrschaftsansprüche zu unterstreichen. Drittens mag die Aussage Berthold von Stauffenbergs die Einschätzung seines Bruders vielleicht zu Beginn des Dritten Reiches angemessen wiedergeben. Sie entspricht aber nicht der verstärkten Hinwendung zu einem bewusst und bekennend praktizierten Christentum, die bei Claus von Stauffenberg wie bei seinen Mitverschwörern in den letzten Jahren festzustellen ist. Karlauf schließt sich gleichwohl der Deutung des verhörenden Beamten an. Die gegenteiligen Belege relativiert er mit dem lapidaren Satz: „Dennoch gehörten Glaubensfragen zu den Themen, die Claus von Stauffenberg regelmäßig beschäftigten."[205]

Karlaufs Darlegungen zum Thema „Stauffenberg und die Religion" erhalten durch den Kontext eine klare Tendenz. Denn unmittelbar zuvor stellt er die Haltung Moltkes und des Kreisauer Kreises als Gegenmodell zu den Aktivitäten der Verschwörer in der Wehrmacht dar. „Hier prallten zwei Sichtweisen des Widerstands gegen Hitler aufeinander, die sich gegenseitig die Deutung streitig machten und bis zum heutigen Tag unvereinbar blieben."[206] Die offensichtlich erheblichen Differenzen mit dem „Antipoden"[207] Moltke erscheinen als Folge der Kreisauer Ausrichtung auf ethische und religiöse Fragen. Karlauf lässt Stauffenberg rhetorisch fragen:

> „Stand er, Stauffenberg, moralisch auf einer niedrigeren Stufe, nur weil er daran erinnerte, dass ein Regime erst einmal gestürzt werden musste, bevor man ein besseres an seine Stelle setzen konnte? Und dann diese fast schon pietistische Frömmigkeit,

---

[205] Karlauf 2019, S. 269.
[206] AaO., S. 266.
[207] So die Kopfzeile, aaO., S. 267.

dieses ständige Verweisen auf Bibelworte! Auch Schulenburg war davon ziemlich genervt. Für ihn zählte insbesondere Peter Yorck zu denjenigen, ‚die vor lauter Christentum sich nicht entschließen konnten, das Rechte zu tun'."[208]

Grund für Karlaufs Antipathie gegen Moltke mögen dessen in den vierziger Jahren explizit gewordene christliche Sprache und recht emotional vorgetragene Wiederentdeckung der Bibel gewesen sein. Das kann aber nicht so verstanden werden, dass es bei Stauffenberg in den letzten Lebensjahren nicht auch eine ähnliche Verstärkung christlicher Bindungen gegeben hat. Abgesehen von den wenigen erhaltenen Belegen sprechen die Wege der beiden ihm am nächsten stehenden Mitverschwörer Schulenburg und Yorck von Wartenburg dafür. Für beide lässt sich das ungleich klarer als für Stauffenberg nachweisen.

Fritz-Dietlof Graf von der Schulenburg, 1902 als Sohn des deutschen Militärattachés in London geboren, war im Februar 1932 der NSDAP beigetreten, da er sich von ihr eine Erneuerung Deutschlands aus dem Geiste Preußens versprach. Der als ausgewiesener Verwaltungsfachmann geltende Schulenburg machte in den Anfangsjahren des Dritten Reiches schnell Karriere: 1933/34 persönlicher Referent des Gauleiters von Ostpreußen, Erich Koch, 1937 Polizeivizepräsident von Berlin, zwei Jahre später Regierungspräsident in Breslau. Die Abwendung vom Nationalsozialismus erfolgte langsam, aber seit dem Winter 1942/43 gehörte Schulenburg zu den leidenschaftlichsten Befürwortern der Beseitigung Hitlers.[209]

---

[208] AaO., S. 268 f., mit Zitat Marion Gräfin Dönhoffs aus: Reich/Finker 1993, S. 337.

[209] Die grundsätzlichen Bedenken, die Goerdeler und Moltke aus moralischen und religiösen Gründen gegen ein Attentat erhoben, teilte er nicht.

Schulenburgs Ablösung vom Nationalsozialismus entsprach direkt die verstärkte Hinwendung zum christlichen Glauben.[210] Die Attraktivität des Nationalsozialismus hatte für ihn darin bestanden, dass sich in ihm als einer „neuen Form des Preußentums" die altpreußische Staatsidee und die völkischen Ideale der „konservativen Revolution" verbinden ließen. Eine tiefergehende religiöse Überzeugung ist seinen frühen Selbstzeugnissen nicht zu entnehmen. Im Jahre 1936, als er wegen seiner hohen preußisch-ethischen Anforderungen an die Beamtenschaft bereits in harte Auseinandersetzungen mit Koch und der Gauleitung geraten war, deutet sich der neue Zugang zum christlichen Glauben an. Im Mai dieses Jahres schreibt er an seine Frau:

„Mein Kranksein im vergangenen und in diesem Jahr war ein Ausdruck des Nichtfertigwerdens mit den Dingen. Ich haßte, grollte, zürnte und ritt dauernd auf den kleinen Gegnern herum. Das ist alles unfruchtbar. Diese Dinge lassen sich nur von einer höheren Ebene aus überwinden. Ich glaube, daß ich jetzt den Weg zu Gott gefunden habe. In meinem ganzen Leben hatte er wie ein leises Motiv geklungen, das ich erahnt habe, jetzt ist es wie ein Orgelton, der mein Leben beherrschen wird."[211]

Persönliche Schicksalsschläge wie der Tod des jüngeren Bruders Wilhelm 1936, der Verlust der Eltern im Jahre 1939 und der Tod des Bruders Adolf-Heinrich 1940 verstärkten diese Entwicklung. Im Laufe der Jahre verlor sich mehr und mehr der „sozialistische" Zug im Denken Schulenburgs. An die Stelle einer Orientierung an Oswald Spenglers Programm der Verbindung von Preußentum und Sozialismus tritt die von Preußentum und Christen-

[210] Vgl. zum Folgenden Heinemann 1994, S. 137f.
[211] Schulenburg an seine Frau, 20.5.1936, zit. aaO., S. 137.

tum. „Ich glaube“, schreibt er 1936 an seine Frau, „daß Preußentum anders als christlich nicht zu deuten ist und daß wir beide – Preußentum und Christentum – gerade heute mehr brauchen denn je.“[212] Diese enge Verbindung findet sich mit fast identischen Worten auch bei einem weiteren engen Mitverschwörer, Generalmajor Henning von Tresckow.[213]

---

[212] Schulenburg an seine Frau, 18.11.1936, zit. ebd. In einem Vortrag zum Thema „Das preußische Erbe und der nationalsozialistische Staat“ vom März 1938 betont Schulenburg die Bedeutung des christlichen Glaubens für das preußische Staatsethos: „Die tiefsten Antriebe empfingen diese Grundkräfte, die den Staat durchwalten[,] von der *Religion*. Luther hat den Sinn des protestantischen Menschen dem tätigen Leben zugewandt: ‚Indem er sein Amt, seinen Beruf mit freudigem Herzen erfüllt, dient er Gott.‘ Aus dem Gottvertrauen zieht der preußische Mensch seine Kraft zum Dienst in der straffen Ordnung des Staates. Die Verantwortung vor Gott gibt die Festigkeit, die allen Schlägen des Schicksals standhält. Sie gibt auch die innere Unabhängigkeit, die bewirkt, daß trotz der Strenge der Organisation der große Charakter bestehen kann. Die Demut vor der höheren Macht gab dem großen Preußen die Bescheidenheit, welche in dem Wort zum Ausdruck kommt: ‚Vieles leisten, wenig hervortreten, mehr sein als scheinen‘ (abgedr. aaO., S. 194–207, hier: 197).

[213] „Wahres Preussentum heisst Synthese zwischen Bindung und Freiheit, zwischen selbstverständlicher Unterordnung und richtig verstandenem Herrentum, zwischen Stolz auf das Eigene und Verständnis für Anderes, zwischen Härte und Mitleid. Ohne diese Verbindung läuft es Gefahr, zu seelenlosem Kommiss und engherziger Rechthaberei herabzusinken. Nur in dieser Synthese liegt die deutsche und europäische Aufgabe des Preussentums, liegt der ‚preussische Traum‘! Man kann das gerade jetzt nicht ernst genug betonen und ebenso, dass von solch preussisch-deutschem Denken das christliche Denken gar nicht zu trennen ist. Es ist sein Fundament, und hierfür ist unsere alte Garnisonkirche das Symbol“ (von Tresckow ³2005, S. 52).

Anfang der vierziger Jahre sind Schulenburgs Briefe an seine Frau voll von Bekenntnissen persönlichen Gottesglaubens.[214] So leidenschaftlich sich der junge Schulenburg 1932 für die nationalsozialistische Erneuerung eingesetzt hatte, so entschieden sucht er jetzt im christlichen Glauben den Weg zum Heil im persönlichen wie gesellschaftlichen Leben. Die religiöse Erneuerung[215] scheint ihm die „entscheidende Aufgabe unseres Jahrhunderts" und trotz seiner Kritik an der erstarrten Theologie und den längst überholten katholisch-evangelischen Gegensätzen[216] äußert er im Juni 1941 sogar den Plan, nach dem Ausscheiden aus dem öffentlichen Dienst Pfarrer zu werden.[217] Als entscheidenden Grund für seine nunmehr unversöhnliche Feindschaft zum Hitler-Staat gibt er entsprechend vor dem Volksgerichtshof an, dass der Nationalsozialismus „mit seinem Kampf gegen das Christentum die religiöse Basis schlechthin verlassen" habe.[218]

Auch Peter Yorck von Wartenburg, der zweite Mitverschwörer, der Stauffenberg in den Fragen des christlichen Glaubens ein wichtiger Gesprächspartner war,[219] hat

---

[214] Vgl. bes. Schulenburg an seine Frau, 19.6.1941, abgedr. in: Heinemann 1994, S. 214f.

[215] Schulenburg an seine Frau, 21.6.1943, abgedr. aaO., S. 255.

[216] Schulenburg an seine Frau, 19.6.1941, abgedr. aaO., S. 215; vgl. auch Krebs 1964, S. 151f.

[217] Schulenburg an seine Frau, 21.6.1941, zit. in: Heinemann 1994, S. 298 Anm. 22.

[218] Zit. in: Jacobsen (Hg.) 1989, S. 455.

[219] Der gemeinsame Freund Paulus van Husen urteilte über das enge Verhältnis: „Zu Yorck und dessen politischen Ansichten hegte Stauffenberg großes Vertrauen. Ohne dieses enge Vertrauensverhältnis [wäre Stauffenberg] nicht zu dem entscheidenden Entschluß [das Attentat selbst auszuführen] gekommen" (zit. in: Kramarz 1994, S. 157). Siehe auch oben S. 72 mit Anm. 200. Wie Stauffenberg hat

in seinen letzten Lebensjahren die hohe Relevanz des christlichen Glaubens sowohl für sein persönliches Leben als auch das Gemeinwesen insgesamt herausgestellt. Da er sich schon in früheren Jahren zur evangelischen Kirche hielt – sein Bruder Paul war in der Bekennenden Kirche aktiv –, ist bei ihm der Aspekt der Entwicklung nicht so auffällig wie bei Schulenburg, Moltke und anderen. An seinen späten Äußerungen wird die auch bei anderen Verschwörern vorhandene Überzeugung sichtbar, dass die moderne Säkularisierung gescheitert sei, weil sie zur Herrschaft einer gefährlichen Weltanschauung mit pseudoreligiösem Totalitätsanspruch geführt habe.[220] Der Nationalsozialismus trete als eine Pseudoreligion in unmittelbaren Gegensatz zum Christentum, da er einen bedingungslosen Gehorsamsanspruch in allen Lebensbereichen durchzusetzen suche.

Yorck von Wartenburg antwortete auf Freislers Anschuldigungen, dass er die nationalsozialistische Rechtsauffassung und Judenverfolgung kritisiert habe:

> „Das Wesentliche ist, was alle diese Fragen verbindet, der Totalitätsanspruch des Staates gegenüber dem Staatsbürger unter Ausschaltung seiner religiösen und sittlichen Verpflichtungen Gott gegenüber."[221]

---

auch der Protestant Yorck von Wartenburg das persönliche Gespräch mit Bischof Graf von Preysing gesucht (vgl. JACOBSEN [Hg.] 1989, S. 390).

[220] Vgl. z. B. die scharfe Kritik Ulrich von Hassells an der „Überspannung der Totalität" und dem „Vorschreiben einer parteigefälligen Weltanschauung" (vgl. SCHÖLLGEN 1990, S. 157; weitere Belege in: STROHM 1997, S. 226f.).

[221] Stenogramm der ersten Volksgerichtshofverhandlung vom 7./8. August 1944 (Anlage zu: VON ZUR MÜHLEN 2001), S. 85; vgl. auch BRAKELMANN 2012, S. 281.

Gerade darum sah Yorck von Wartenburg (mit zahlreichen anderen am Widerstand Beteiligten) im Christentum die wirksamsten Gegenkräfte. Für ihn und die anderen Mitglieder des Kreisauer Kreises liegt das eigentliche Übel und der größte Schaden der nationalsozialistischen Herrschaft darin, daß sie die lebensnotwendige „innere Gebundenheit" des Menschen an „Werte, die nicht von dieser Welt sind", zerstört habe. Darum müsse in dem einzelnen

„das Gefühl der inneren Gebundenheit an Werte, die nicht von dieser Welt sind, wiedererweckt werden, welches alleine ermöglicht, ihm die Freiheit wieder zu geben; dadurch wird der Einzelne ein Gefühl der Verantwortung wiederbekommen, welches zu einem Aufblühen wahrer Gemeinschaft führen wird."[222]

Schließlich dürfte ein weiterer thematischer Zusammenhang, in dem Yorck von Wartenburg explizit auf christliche Inhalte und Sprache zurückgreift, auch für Stauffenbergs verstärkte Bemühungen um das Christentum relevant sein. Yorck von Wartenburg hat die Wahrnehmung von Schuld als so bedrängend empfunden, dass er sie als einen wesentlichen Antriebsgrund für die Beteiligung an den Umsturzvorbereitungen nannte. Im Abschiedsbrief an seine Frau brachte er es stellvertretend für andere auf den Punkt:

„Daß Gott es so gefügt hat, wie es gekommen ist, gehört zu der Unerforschlichkeit seiner Ratschlüsse, die ich demutsvoll annehme. Ich glaubte mich durch das Gefühl der alle niederbeugenden Schuld getrieben und reinen Herzens."[223]

---

[222] Denkschrift Moltkes, erste Fassung vom 24. April 1941, abgedr. in: van Roon 1967, S. 507–517, hier: 509; vgl. aaO., S. 486–490, 504f., 543 und 561.

[223] Peter Yorck von Wartenburg an seine Frau, August 1944, abgedr. in: Jacobsen (Hg.) 1989, S. 789. Auch Moltke spricht von einer „Blutschuld, die zu unseren Lebzeiten nicht gesühnt und nie

Zugleich ergab sich eine Deutung des eigenen Weges als eine Art Sühnopfer. Die Schuld des eigenen Volkes und damit die Gottesferne der Gegenwart sollte so wenigstens um „ein Quentchen" verringert werden. Dies haben Peter Yorck von Wartenburg und andere ausdrücklich so formuliert.[224] Henning von Tresckows bekannte Formulierung, dass das Attentat, koste es, was es wolle, stattfinden müsse, damit – in Entsprechung zu den zehn Gerechten in Sodom nach 1. Mose 18 – wenigstens ein paar Gerechte in Deutschland gefunden werden könnten, drückt den gleichen Gedanken auf zurückhaltendere Weise aus, auch wenn man zugleich praktisch-politische Zwecke annimmt.

> „Wenn einst Gott Abraham verheißen hat, er werde Sodom nicht verderben, wenn auch nur zehn Gerechte darin seien, so hoffe ich, daß Gott auch Deutschland um unsertwillen nicht vernichten wird."[225]

Trotz des Mangels an Quellen ist auch bei Stauffenberg die verstärkte Hinwendung zum christlichen Glauben in

---

vergessen werden kann." „Werden die Männer aufstehen, die imstande sind, aus dieser Strafe die Busse und Reue und damit allmählich die neuen Lebenskräfte zu destillieren?" (Moltke 1988, S. 278 [26. August 1941]). Vgl. auch aaO., S. 307 f. [21. Oktober 1941] und S. 317 [13. November 1941]; zu entsprechenden Formulierungen bei Schulenburg vgl. den Brief an seine Frau vom 23. April 1942, zit. in: Heinemann 1994, S. 97.

[224] „Mein Tod, er wird hoffentlich angenommen als Sühne aller meiner Sünden und als Sühnopfer für das, was wir alle gemeinschaftlich tragen. Die Gottesferne unserer Zeit möge auch zu einem Quentchen durch ihn verringert werden. Auch für meinen Teil sterbe ich den Tod fürs Vaterland ... Die Lebensfackel wollten wir entzünden, ein Flammenmeer umgibt uns, welch ein Feuer" (abgedr. in: Jacobsen [Hg.] 1989, S. 792).

[225] Zit. in: Scheurig [2]1994, S. 238.

den letzten Jahren und Monaten ansatzweise belegt.[226] Auch bei ihm findet sie sich im Kontext der Fragen einer Wiederherstellung von Recht und Moral, der Auseinandersetzung mit einer pseudoreligiösen Weltanschauung und ihrem Totalitätsanspruch sowie der Wahrnehmung von Schuld.

Man kann darüber streiten, welche impulsgebende Kraft dem christlichen Glauben hier zukam, und vor allem, welche Bedeutung moralische und religiöse Einstellungen im Vergleich zu Argumenten militärischer Rationalität für den Entschluss zum Attentat gehabt haben. Sie sind im Selbstverständnis der meisten Beteiligten unleugbar präsent und in der Selbstdeutung als impulsgebend gesehen worden. Wenn Oberst Henning von Tresckow als Erster Generalstabsoffizier (Ia) der Heeresgruppe Mitte Weihnachten 1942 bei der Feier im Kasino selbst das Weihnachtsevangelium vorlas, „obwohl christliche Weihnachtsfeiern ausdrücklich [...] verboten worden waren",[227] muss dies als bewusster Akt der Resistenz

---

[226] Charakteristische Parallelen finden sich ebenso bei Henning von Tresckow. Dieser war wie Stauffenberg lange Zeit kein klarer Gegner des Nationalsozialismus. Auch er dringt in den letzten Jahren von einem selbstverständlichen, klassisch „volkskirchlichen" Christentum zu einem stärker bekennenden durch. In der Rede zur Konfirmation seiner Söhne Mark und Rüdiger vom 11. April 1943 hat er darauf auch ausdrücklich reflektiert. In Anknüpfung an die eigene Konfirmation in den Zeiten des Vernichtungskrieges bei Verdun im Ersten Weltkrieg findet er mahnende Worte angesichts der Lage im Frühjahr 1943: „[...] weniger denn je darf daher der Einsegnungstag etwa nur ein Tag konventioneller Sitte oder nur ein Familienfest sein. Es ist ja nicht nur ein Tag des Besinnens, sondern vor allem ein Tag des Bekennens. Wir alle wissen, daß er heute – nimmt man ihn nicht konventionell – ein sehr klares Bekenntnis bedeutet" (von Tresckow ^{3}2005, S. 51).

[227] Von Boeselager ^{3}2005, S. 62.

gewertet werden. Christliche Traditionen boten Sprachmöglichkeiten, andere und widerständige Auffassungen zum Ausdruck zu bringen. Unstrittig sollte sein, dass Tradition und Sprache des christlichen Glaubens zumindest katalytisch wirken konnten. Das gilt für Stauffenberg ebenso wie für Schulenburg, Yorck von Wartenburg und viele andere. Solche katalytische Wirkung ist in dreifacher Hinsicht zu sehen.

Zum einen nahm man die Kirchen als einen der wenigen Bereiche wahr, in dem der nationalsozialistische Totalitätsanspruch nicht vollständig durchgesetzt werden konnte. Die staatliche Gleichschaltungspolitik kam trotz aller Erfolge im Bereich der Kirchen nicht zum Ziel und die nationalsozialistische Ideologie konnte den innersten Kern des christlichen Glaubens nicht verderben. Stauffenberg hat zwar wie die meisten anderen nicht am Kirchenkampf teilgenommen, aber die Resistenzkraft des Christentums, und insbesondere der katholischen Kirche, sehr wohl wahrgenommen. Zum anderen bot der Rückgriff auf biblische Texte, christliche Themen und kirchliche Gebräuche unter den Bedingungen des totalen Staates schon an sich Freiräume von dem allgegenwärtigen Gehorsamsanspruch der Ideologie. Das bedeutete Möglichkeiten der Kommunikation in der Gruppe, aber auch im Sinne einer inneren Vergewisserung. Zum dritten hat die wachsende Präsenz christlicher Sprache und Inhalte die moralische Sensibilität verstärkt. Das lässt sich aus dem starken Rückgriff auf christliche Begriffe und Gedanken schließen, wenn angesichts der nationalsozialistischen Verbrechen und der eigenen Verstrickung durchweg von Sünde, Schuld und Sühne gesprochen wird.[228] Auch erschien den

[228] Das wird in Christian Gerlachs anklagender Auflistung von

am Umsturz Beteiligten eine sittliche Erneuerung ohne Religion nicht denkbar.

Der Rückgriff auf das Erbe Stefan Georges hat das nicht in gleichem Maß geleistet.[229] Wo er greifbar wird – wie in der Verwendung des Gedichts „Der Antichrist“[230] oder dem im Juli 1944 verfassten Schwur (s. o.) –, sind es am ehesten die christlichen Elemente im George'schen Duktus. Georges elitäre Muster und der pseudoreligiöse Züge annehmende Charakter seines Gefolgsanspruchs haben sich im Blick auf eine Abgrenzung vom Nationalsozialismus wohl eher retardierend ausgewirkt.[231] Das legt der Vergleich mit seinen Mitverschwörern nahe, die das Widerstandspotential des christlichen Glaubens

---

Belegen, welche die Kenntnis oder sogar Verstrickung in Verbrechen im Osten bei Angehörigen des militärischen Widerstands zeigen, nicht erfasst (Gerlach 1995). Die flapsige Rede von „tiefsinnige[n] Gespräche[n] über Moralfragen“ offenbart mehr über den Autor als über die Angehörigen des Widerstands (aaO., S. 428).

[229] So finden sich in den Protokollen der Verhöre nach dem gescheiterten Attentat vielfache Hinweise auf die christlichen Beweggründe der Verschwörer, kein einziger jedoch auf das Nachwirken George'schen Gedankenguts, geschweige denn auf George als „geistigen Urheber“.

[230] Karlauf hat zu Recht darauf hingewiesen, dass Stauffenberg Georges Gedicht „Der Widerchrist“ außerordentlich geschätzt und gelegentlich zitiert hat (vgl. Karlauf 2019, S. 121 f.). Abgesehen davon, dass George darin zum Zeitpunkt der Abfassung in keiner Weise Hitler im Blick hatte, ist es gerade das christliche Erbe in Georges Denken, das hier zur Wirkung kommt. Dem entspricht auch der Sachverhalt, dass die Royal Airforce im Winter 1943/44 Auszüge daraus über Deutschland abwerfen ließ.

[231] Urteile wie das oben S. 27 Anm. 49 zitierte, das Stauffenberg in der Hochstimmung des schnell und unerwartet erfolgreichen Polenfeldzugs im September 1939 formuliert hat, entsprechen jedenfalls viel eher dem pointiert elitären Duktus George'schen Denkens als den Lehren der katholischen Kirche.

leichter und zügiger nutzen konnten als der George verbundene Stauffenberg.

Der Historiker und Friedensforscher Wolfram Wette hat in der *Frankfurter Rundschau* über Karlaufs Stauffenberg-Biographie folgenden bezeichnenden Satz geschrieben: „Die Darstellung atmet nicht mehr die zittrige Luft geschichtspolitisch-weltanschaulicher Kontroversen, sondern zeichnet sich stattdessen durch historisierende Gelassenheit aus."[232] Das ist ein erstaunliches Urteil angesichts der These von George als geistigem Urheber des Attentats vom 20. Juli. Trotz der Entgegensetzung einer vermeintlichen Verantwortungsethik gegen jede Art von Gesinnung[233] kommt es zu einer geradezu euphorischen Bewertung George'schen Ethos',[234] und auch das mit guten Gründen für wichtig erachtete soldatische Ethos widerspricht solchen steilen Formulierungen.

Zu gelingender Historisierung gehört das Bedenken der eigenen Standpunktbedingtheit. Man wünschte sich (beim Autor Karlauf wie beim Rezensenten Wette) eine etwas selbstkritischere Sicht der eigenen Prägungen, die gar zu leicht in frühere Zeiten zurückprojiziert werden. Der Verlust religiöser Bindungen und des Zugangs zur Sache der Religion im letzten Drittel des 20. Jahrhunderts ist zwar in den Eliten Mitteleuropas weit verbreitet, nicht aber für die Akteure im Widerstand gegen Hitler charakteristisch. Sie stammten zumeist aus geprägten Welten, in denen das Christentum, vor allem in seiner volkskirchlich-traditionellen Variante, zum Grundbestand gehörte. Weltsicht und Selbstverständnis sind bei allen in-

---

[232] Wette 2019.

[233] Siehe oben S. 35–37 mit Anm. 78–80.

[234] Siehe oben S. 40f.

dividuellen Unterschieden und aller kritischen Distanz zur Kirche nicht ohne die religiösen Bindungen zu verstehen. Und noch einmal: Das bedeutet nicht, Moral und Religion als die entscheidenden oder gar einzigen Beweggründe für den Weg in den Widerstand zu behaupten. Das zwar ergänzungsbedürftige Urteil des Kommandeurs von Stauffenbergs Panzerdivision in Tunesien, Generalmajor Friedrich von Broich, trifft den Sachverhalt wohl doch recht gut:

„Sein Widerstand entwickelte sich sowohl aus der Kenntnis der hoffnungslosen militärischen Lage, die er ja auch als Chef der Organisationsabteilung[235] und der Nachschublage besonders gut kennen mußte, als auch aus seinem prinzipiellen Widerstand gegen den Nationalsozialismus als gläubiger Katholik."[236]

---

[235] Stauffenberg war nach der Genesung seit 1. Oktober 1943 Chef des Stabes im Allgemeinen Heeresamt.

[236] Zit. in: Kramarz 1994, S. 143 f.

3 Erstaunliche Plausibilitäten: Jan Assmanns Werk *Totale Religion. Ursprünge und Formen puritanischer Verschärfung*

Der Nachweis und die Profilierung der Präsenz christlicher Bindungen bei Angehörigen des Widerstands gegen Hitler bedeutet noch keine Feststellung über ihre motivierende Bedeutung für den Widerstand. Haben religiöse Bindungen und christlich-ethische Orientierungen impulsgebende, lediglich legitimierende, bestärkende oder gar hindernde Wirkungen gezeitigt? Waren eher die Prägungen, die Wertorientierungen und die Kommunikation in Familien oder Milieus von ausschlaggebender Bedeutung? Man wird kaum präzise Aussagen über die Deutung des Zusammenspiels verschiedener Faktoren und der durchaus unterschiedlichen Bedeutung religiös-ethischer Orientierungen bei den einzelnen Beteiligten, aber auch in unterschiedlichen Lebensphasen der Einzelnen treffen können.

Diese Beobachtungen sind in den Kontext breit geführter Debatten über die kulturellen Wirkungen religiöser Orientierung zu stellen. Mitunter werden hier recht klare kausale Zusammenhänge herausgearbeitet. Exemplarisch seien die Überlegungen des Ägyptologen, Kulturwissenschaftlers und Religionstheoretikers Jan Assmann zu Monotheismus, mosaischer Unterscheidung und „totaler Religion" genannt. Assmann zeichnet vor über 2000 Jahren entstandene „semantische Formationen" nach und stellt deren bis in die Gegenwart reichendes, gefährliches Wirkungspotential heraus.

In zahlreichen Monographien hat Assmann seine Überlegungen weiterentwickelt, modifiziert, präzisiert und verschärft. Gerade das Bemühen, die Einwände der Kritiker aufzunehmen, hat nicht nur eine umfassende Diskussion hervorgerufen, sondern auch zu einer breiten Rezeption geführt. Den deutlichsten Ausdruck findet die außerordentliche Rezeption der Thesen Assmanns in der erstaunlichen Zahl an Preisen, die er – häufig auch zusammen mit seiner Frau Aleida Assmann – zugesprochen bekommen hat.[1] Offensichtlich gelingt es Assmann, Deutungen zu gegenwärtig virulenten Themen in die öffentliche Debatte einzubringen, und zwar in außerordentlich überzeugender, konsensfähiger Weise. Der Sachverhalt, dass Assmann sich nicht scheut, über kleinteilige Fallstudien hinauszugehen und fach- wie epochenübergreifende Argumentationen zu kulturellen Folgen religiöser Entscheidungen vorzulegen, fordert dazu heraus, nach den methodischen Grundentscheidungen zu fragen. Die Analyse der Thesen Assmanns und ihrer Rezeption bietet besondere Chancen für die Erörterung grundlegender

---

[1] Es seien nur die renommierten Preise der letzten Jahre in Erinnerung gerufen, die freilich auch das Œuvre und auch die Arbeiten zum „kulturellen Gedächtnis" insgesamt würdigen: Theologischer Preis der Salzburger Hochschulwochen (2016), Sigmund-Freud-Preis für wissenschaftliche Prosa (2016), Karl-Jaspers-Preis der Stadt Heidelberg, der Universität Heidelberg und der Heidelberger Akademie der Wissenschaften (2017), Balzan-Preis (2017), Friedenspreis des deutschen Buchhandels (2018), Toleranzring der Europäischen Akademie der Wissenschaften und der Künste (2020).

Fragen. Die Debatte kann helfen, methodische Probleme zu klären, die für die Erforschung von Kulturwirkungen religiöser Orientierung insgesamt relevant sind.

3.1 Monotheismus der Treue, Sprache der Gewalt und totale Religion – die Thesen und ihre Modifikationen

Die Überlegungen zum Zusammenhang von Monotheismus und Sprache der Gewalt hat Assmann 1997 zuerst in dem Werk *Moses the Egyptian* entfaltet.[2] Ausgehend von den im Buch Exodus erzählten Geschichten über den Bundesschluss am Sinai, den Verstoß der Israeliten gegen den Bund durch den Tanz um das goldene Kalb und die darauffolgende vernichtende Bestrafung wurde hier eine dem Monotheismus inhärente Gewaltneigung, eine intrinsische Gewalttätigkeit, diagnostiziert.[3] Der Polytheismus hingegen schien weniger zu Gewalttätigkeit zu neigen. In einem weiteren Buch *Die Mosaische Unterscheidung* von 2003 sowie zahlreichen Debattenbeiträgen erfolgten Revisionen und Präzisierungen.[4] Das zweite Werk ging von dem weitgehenden Forschungskonsens aus, dass es sich bei Mose um eine literarische Figur handele und somit eine frühe Übernahme des Monotheismus von ägyptischen Vorbildern durch Mose ausgeschlossen werden könne. „Seine literarische Karriere als politischer Führer und Gesetzgeber erreichte ihren Höhepunkt in der Zeit nach dem Exil. Als Protagonist einer idealisierten Ursprungserzählung wird er zur zentralen Identifikati-

---

[2] Assmann 1997; dt. Assmann 1998.
[3] Vgl. Assmann 1997, S. 17–22, 231–235 und 268–270.
[4] Vgl. Assmann 2003, S. 28–37.

onsfigur eines Volkes, dessen Zusammenhalt weder geographisch noch politisch gesichert war."[5] Der Übergang vom Polytheismus zum Monotheismus und die damit verbundene „mosaische Unterscheidung" von „wahr und falsch" sei in einen spezifischen historischen Kontext zu stellen und von der Situation eines in der nachexilischen Zeit in seiner Existenz bedrohten Volkes her zu erklären. Darüber hinaus sei zu beachten, dass der Begriff „Monotheismus" sich erst im 18. Jahrhundert eingebürgert hat und die jüdisch-christliche Rede von Gott durchaus nur unzureichend erläutert.

Assmann hat die Formulierung „intrinsisch gewalttätig" bzw. die Rede von der dem Monotheismus „inhärenten" Gewalt abgeschwächt. Der Begriff „inhärent" sei „nur im Sinne einer Implikation, einer angelegten *Möglichkeit* gemeint und *nicht im Sinne einer logischen Konsequenz*, die früher oder später mit Notwendigkeit eintreten muss."[6] Die Quelle dieser „potentiellen" Gewalt liege in der Einführung der Unterscheidung zwischen wahr und falsch im Bereich der Religion. Nach Assmann geht es hier nicht um eine Gewalt nach außen, sondern um eine, die sich gegen Abtrünnige in der eigenen Gruppe und sich der Orthodoxie Widersetzende richtet.

Assmann hat in der Auseinandersetzung mit seinen Kritikern ausdrücklich die Auffassung zurückgewiesen, dass polytheistische Gesellschaften friedfertig gewesen seien und „die Gewalt erst mit den monotheistischen Religionen in die Welt gekommen" sei.[7]

---

[5] Schieder 2014a, S. 9; knappe, präzise Übersicht über Moses (begrenzte!) Bedeutung für die Entstehung der Jahwe-Verehrung bei: Witte 2014, S. 80–92.

[6] Assmann 2014a, S. 38.

[7] AaO., S. 37.

„Natürlich glaube ich nicht, dass die Welt der primären Religionen von Hass und Gewalt frei gewesen wäre. Sie war im Gegenteil von Gewalt und Feindschaft in verschiedensten Formen erfüllt, und viele dieser Formen sind von den monotheistischen Religionen im Zuge ihrer transformatorischen Machtentfaltung gebändigt, zivilisiert oder geradezu ausgemerzt worden, […].“[8]

Gegenläufig sieht Assmann gleichwohl mit dem Monotheismus eine neue Qualität der Gewalt gegeben. „Dennoch ist mit den monotheistischen Religionen eine bestimmte Form von Gewalt zuallererst in die Welt gekommen: *die Gewalt im Namen Gottes*.“[9] Um das Neue klarer zum Ausdruck zu bringen, hat Assmann seine Präzisierung 2005 ausdrücklich unter der Überschrift „Monotheismus und die *Sprache* der Gewalt“ veröffentlicht.[10]

Im Jahr 2014 erfolgte dann eine weitere Präzisierung der These, die auch in den letzten diesbezüglichen Veröffentlichungen bekräftigt und erläutert wird.

„Ich räume ein, dass das Konzept der ‚mosaischen Unterscheidung‘ im Sinne von ‚wahr‘ und ‚falsch‘ allzu simplistisch und irreführend war. Eine feinere Analyse der mit dem Exodus-Mythos und dem Monotheismus der Treue verbundenen Unterscheidungen führte zu dem Ergebnis, dass die Gewalt nicht aus der Unterscheidung von wahr und falsch, sondern von Freund und Feind stammt.“[11]

Die modifizierte These hat Assmann in einem Buch erläutert, das den Titel *Totale Religion. Ursprünge und*

---

[8] Assmann 2003, S. 28.

[9] Assmann 2014a, S. 37; ähnlich: Assmann ^{3}2018, S. 28 f.

[10] Assmann 2005 (Hervorhebung im Titel von mir hinzugefügt, CS).

[11] Assmann 2014c, S. 264.

Formen puritanischer Verschärfung trägt und 2016 in erster Auflage erschienen ist.[12] Schon Titel und Untertitel machen darauf aufmerksam, dass die Theoriebildung hier nicht nur modifiziert, sondern zugleich auch ausgeweitet wird. Im Zuge von Modifikationen, Präzisierungen, Ergänzungen und auch Verschärfungen ist aus der „Assmann-These" mittlerweile ein Konglomerat von Thesen geworden.

Die Einleitung „Polytheismus und die Sprache der Gewalt" sucht sogleich die naheliegende Folgerung, dass der Polytheismus per se weniger gewaltaffin sei, zurückzuweisen. „Die Sprache der Gewalt ist kein Spezifikum des Monotheismus. Sie findet sich auch in den Texten polytheistischer Religionen in reicher Fülle."[13] Gleichwohl seien sie hier in einer Weise entschärft, wie das im biblischen Monotheismus nicht (mehr) der Fall ist.

„Indem der biblische Monotheismus Recht und Moral zu Gegenständen der Offenbarung macht und damit in das Zentrum der Beziehung zwischen Gott und Volk, Gott und Mensch rückt, hebt er die Grenze zwischen Ritual und Lebenswelt auf. Die biblischen Propheten werden nicht müde, immer wieder darauf hinzuweisen, dass nicht Opferkult und Feste das Volk mit Gott versöhnen und wohlgefällig machen, sondern ein Leben in Frieden und Gerechtigkeit, in treuer Befolgung der ihm gegebenen Gebote. Nicht allein der Kult, sondern das ganze Leben soll Gottesdienst sein. Damit ist ein entdifferenzierendes, totalisierendes Element in die Kultur gekommen, das in der deuteronomistischen Tradition zum ersten Mal geschichtlich hervortritt und in vielen späteren Formen von radikalem Puritanismus bis heute lebendig ist."[14]

---

[12] Assmann ³2018.

[13] AaO., S. 11.

[14] AaO., S. 15f.

Assmann sieht einen „Akt revolutionärer Abkehr", mit dem sich das frühe Judentum von der bisherigen Religion abgegrenzt habe. Er finde sich im 2. Buch der Könige beschrieben, wo die Kultreform König Josias berichtet wird. Angesichts der „brutale[n] Gewalt", welche der sprachlichen Darstellung eigen ist, urteilt Assmann, dass es sich „um die erste radikal-puritanische Säuberungsaktion, von der die Geschichte weiß," handele.[15] Nach der Konzeption der biblischen Bücher, die man als deuteronomistisches Geschichtswerk bezeichnet, geht es bei dieser „Säuberungsaktion" um eine Wiederinkraftsetzung des Buches des Mose, das die reine Lehre (Torah) enthält und das mit dem Buch Deuteronomium identifiziert wird. Das Ziel der Verfasser des deuteronomistischen Geschichtswerks – nach Assmanns Terminologie: die „puritanischen Deuteronomisten" – war es, den Menschen ihrer Gegenwart das vorbildliche Handeln König Josias und anderer Herrscher Israels vor Augen zu stellen, die die im Deuteronomium niedergeschriebenen Regeln des Bundesschlusses wieder in Geltung gebracht hätten. Hier sieht Assmann nun ein erstes Mal den „radikalen Puritanismus" am Werk, später auch im „englische[n] Puritanismus", „der auf der reinen Lehre Calvins bestand", sowie im „saudische[n] Königtum, das sich dem radikal-puritanischen Wahhabismus verschrieben hat".[16] Zentral

---

[15] AaO., S. 16 f.; Rainer Albertz sieht in der Josianischen Kultreform zwar die Anwendung staatlicher Gewalt, nicht aber das Ausmaß eines Massakers (Albertz 2005, S. 383 f.). Albertz resumiert: „So we can point out that in Israel the violent fight against syncretism and for Yhwh monolatry, as we could see in the Jehu revolution, was step by step sublimated and internalized by law, education, and self-commitment" (aaO., S. 384).

[16] Assmann ^{3}2018, S. 17 mit Anm. 14.

für Assmanns Definition des Begriffs „radikaler Puritanismus" ist der Aspekt der Rückkehr zu ursprünglicher Reinheit.

„Der radikale Puritanismus versteht sich in seinen verschiedenen Erscheinungsformen bis heute nicht nur als Abkehr, sondern auch und vor allem als Rückkehr zur Reinheit des Ursprungs (*salaf* im Arabischen)."[17]

Neben diesem Aspekt ist nach Assmanns Auffassung noch ein weiterer Sachverhalt charakteristisch für den radikalen Puritanismus, wie er im biblischen Monotheismus Gestalt gewinnt. Das Ziel einer Wiedergewinnung der Reinheit wird vom kultischen Bereich auf das gesamte Leben, von den Priestern auf das Volk insgesamt ausgeweitet. „Der prophetische, deuteronomistische Puritanismus, der die Grenze zwischen Kult und Alltag einreißt, weitet die priesterlichen Reinheitsregeln auf das ganze Volk aus."[18] Das dauernde Bemühen um den inneren Nachvollzug der Unterscheidung von Reinheit und Profanität erfordere eine „Anstrengung, die im Islam *djihad* heißt".[19]

Assmann weist ausdrücklich darauf hin, dass die Bibel „eine im höchsten Maße vielstimmige und pluralistische Bibliothek ist", faktisch konzentriert er sich aber ausschließlich auf die Passagen der hebräischen Bibel, „in denen erstmals der radikale Puritanismus greifbar wird".[20] Es geht ihm „um eine semantische Formation, die zum ersten Mal in bestimmten biblischen Texten greifbar wird und die Welt bis heute in Atem hält."[21]

[17] AaO., S. 17.
[18] AaO., S. 18, mit Bezug auf Ex 19,6; Lev 11,44f.; 20,26.
[19] AaO., S. 19.
[20] Ebd.
[21] AaO., S. 19f.

Die Präzisierung der ursprünglichen These von der Gewaltaffinität des Monotheismus erfolgt in Gestalt der Abgrenzung eines Monotheismus der Treue von einem Monotheismus der Wahrheit. Letzterer anerkennt nur *einen* Gott und für ihn existieren keine anderen Götter. „Er verfolgt die ‚falsche' Religion nicht mit physischer Gewalt, sondern mit Spott und Verachtung."[22] Bei aller scharfen Kritik am Bilderkult sei für diese Form des Monotheismus nicht die Sprache der Gewalt charakteristisch.[23] Anders verhält es sich nach Assmann hingegen mit dem Monotheismus der Treue. Er finde sich nur in der Bibel und gründe sich auf die Ursprungsgeschichte der Befreiung aus Ägypten, dem Sklavenhaus.[24] Dem rettenden und befreienden Gott und nicht irgendwelchen anderen Göttern gelte die ausschließliche Treue. Der Prophet Hosea, der als Erster dieses Grundgeschehen erwähnt, habe zur Beschreibung der besonderen Bindung zwischen dem einen Gott und seinem Volk die Metaphern der Sohnschaft und der Ehe gewählt.[25] Ungefähr ein Jahrhundert später sei dieses Narrativ im Buch Deuteronomium als ein Modell, an dem sich Israel zu orientieren habe, ausgeführt worden. Der eine errettende Gott, das Gottesvolk, der Gottesbund und die vollkommene Treue bilden das Grundmuster, an dem orientiert die Verfasser des sog. deuteronomistischen Geschichtswerks – nach Auffassung

[22] AaO., S. 58; vgl. aaO., S. 58–76 („Der Monotheismus der Wahrheit und die Religionssatire").

[23] Vgl. aber die unten S. 111 mit Anm. 62–65 zitierten Aussagen, die dazu in Spannung stehen.

[24] Vgl. Assmann ³2018, S. 29–45 („Gottes Eifersucht und menschliches Eifern: Der Monotheismus der Treue").

[25] Vgl. Hos 11,1: „Als Israel jung war, gewann ich ihn lieb und rief meinen Sohn aus Ägypten."

der neueren Forschung – in exilischer und nachexilischer Zeit seit dem 6. vorchristlichen Jahrhundert die Geschichte Israels erzählen.[26] Zentrum des Gottesbundes ist der Dekalog und hier wiederum das Erste Gebot: „Ich bin der HERR, dein Gott, der dich aus Ägyptenland geführt hat, aus der Knechtschaft. Du sollst keine anderen Götter haben neben mir."[27]

Assmanns eigentliches Thema sind aber nicht der Gedanke des Gottesbundes und seine umfassenden kulturgeschichtlichen Folgen. Vielmehr geht es ihm um den Bundes*bruch*, der gerade aufgrund der besonderen Emotionalität des Gottesverhältnisses zu sprachlich zugespitzten, gewaltaffinen Ausdrucksformen führe.[28] Ausführlich werden die Szenen des Murrens[29] und die Texte, in denen der zornige Gott nach dem Bundesbruch die Abtrünnigen niedermetzeln lässt und die strikte Abgrenzung von allen Untreuen fordert, zitiert und erläutert.[30]

Die außerordentliche Schärfe und Brutalität der Texte[31] erklärt Assmann auch mit der Situation des Kampfes der Deuteronomisten, die sich gegen die herrschende Religion

---

[26] Zum neuesten Forschungsstand im Blick auf Datierung und Trägergruppen vgl. GERTZ ⁴2010, S. 285–311; STIPP (Hg.) 2011.

[27] Dtn 5,6f.; vgl. Ex 20,2f.; vgl. ASSMANN ³2018, S. 33 und 49.

[28] Assmann sieht sich hier bestätigt durch eine verkürzende Deutung der Propheten: „Genau genommen geht es bei den Propheten wie Hosea, Jeremia, Ezechiel auch gar nicht um den Bund, sondern um den Bundesbruch, und die Metapher dafür ist der Ehebruch, die Hurerei" (aaO., S. 44).

[29] Vgl. aaO., S. 83–93 („Die Szenen des ‚Murrens'").

[30] Vgl. aaO., S. 35–40 und 87–89 (mit Auflistung diesbezüglicher Bibeltexte).

[31] „Diese geradezu sadistisch anmutenden Schilderungen der Vernichtung, Zerstörung, Ausrottung des untreu gewordenen Volkes lesen sich wie eine Vorahnung von Auschwitz […]" (aaO., S. 40, mit Bezug auf Num 25,1–13).

durchzusetzen hatten. Die hier entstandene „semantische Formation“ war nicht nur auf Abgrenzung nach außen, sondern auch und vor allem gegen Abtrünnige und Verräter in den eigenen Reihen gerichtet.[32] Die Kanaanäer werden zur Metapher dessen, was mit allen Mitteln bekämpft werden muss. Der Antikanaanismus, der weniger für die Feindschaft zwischen Israel und den Völkern als für den „Hass auf die eigene Vergangenheit“ steht, wird von Assmann „als zentraler Ort der Sprache der Gewalt“ identifiziert.[33]

Assmann weiß um die Parallelen und Vorbilder der Texte in assyrischen Loyalitätsvereidigungen, die von den Vasallen und Untertanen absolute Loyalität fordern.[34] Aber diese Texte würden dadurch, dass sie aus der politischen Sphäre in die Beschreibung des Gottesverhältnisses übertragen werden, eine ganz neue Qualität erhalten. Herauskommt ein „repressive[s] Machtsystem mit […] totalisierenden Herrschaftsansprüchen“ und ein „Rigorismus der Differenz“, wie er „dem radikalen Puritanismus […] eigen ist“.[35]

Zum Problem des unablässigen Kampfes gegen die falschen Götter im Deuteronomium urteilt Assmann:

„Das ist vielleicht kein wirklicher Monotheismus, weil die Existenz ‚anderer Götter‘ emphatisch anerkannt wird, aber es ist das Herzstück der Torah und damit der revolutionären, radikal-puritanischen Semantik, die wir hier analysieren wollen, weil sie eine der Grundlagen unserer Tradition, unserer geistigen Welt

---

[32] Vgl. aaO., S. 68.

[33] AaO., S. 46; vgl. aaO., S. 45–57 („Antikanaanismus: Konversion und der Hass auf die eigene Vergangenheit“), mit Zitat von Ex 34,12–16; 23,31 f.; Dtn 7,1–6; 12,2 f.; 20,10–14; 20,15–18.

[34] Vgl. aaO., S. 36, mit Verweis auf: Otto 1999; Koch 2008.

[35] Assmann ³2018, S. 40 und 34.

bildet. Das Deuteronomium gehört zu den absolut zentralen Grundtexten der jüdischen, aber auch der christlichen Kultur. Dieser semantische Kern besteht nicht in der Erkenntnis der Einheit und Einzigkeit Gottes, sondern in der Treue zum Einen Befreier durch strenge Enthaltung von der Verehrung anderer Götter."[36]

3.2 Ausweitung der Thesen: Carl Schmitt als Zeuge

Im dritten Teil des Buches *Totale Religion. Ursprünge und Formen puritanischer Verschärfung* wird nach der Erläuterung der Metaphern „totale Religion" und „puritanische Verschärfung" eine weitere Zuspitzung vorgenommen. Assmann überträgt Carl Schmitts Theorie, nach der das Wesen des Politischen in der Unterscheidung von Freund und Feind besteht und sich im Ernstfall des Krieges offenbart, auf das Feld des Religiösen.[37]

Die jahrhundertelange Bedrohung Israels durch Assyrien und der schlussendliche Untergang durch das neubabylonische Reich Anfang des 6. Jahrhunderts v. Chr. stellt für Assmann

„einen Ernstfall von beispiellosen Ausmaßen dar. In dieser Situation lässt sich für die Religion dieselbe Dialektik von Ausdifferenzierung und Hegemonialisierung beobachten, die Carl Schmitt für das Politische geltend gemacht hat. Die radikalpuritanische Opposition Hoseas und der Deuteronomisten, die in dem über Israel hereinbrechenden Unheil den Zorn Gottes erkennt, stellt der herrschenden Praxis, in der Religion und politische Herrschaft untrennbar zusammenhängen, einen Begriff

[36] Vgl. aaO., S. 43 f., mit Verweis auf: Crüsemann 1992.

[37] Vgl. Assmann ³2018, S. 112–157 („Die totale Religion und der religiöse Ernstfall"), bes. S. 112–118 („Carl Schmitts Lehre vom Ernstfall"); vgl. Schmitt 2018; dazu Böckenförde ⁵2013.

von Religion in ‚Reinkultur' entgegen, den sie einerseits scharf abgrenzt gegen die anderen kulturellen Felder und für den sie im gleichen Zug eine führende Rolle beansprucht. So wie Carl Schmitt im Blick auf den theoretischen Ernstfall des Krieges den totalen Staat, fordert der deuteronomistische Puritanismus die totale Religion. Eine totale Religion ist eine Religion, die einen hegemonialen Anspruch auf die Kultur und den Menschen erhebt, so wie Carl Schmitt das für den totalen Staat definiert und gefordert hat, und die diesen Anspruch mit dem Verweis auf den Ernstfall begründet."[38]

Charakteristisch für den titelgebenden Begriff der „totalen Religion" scheint der schlichte Sachverhalt zu sein, dass eine Religion in allen Bereichen menschlichen Lebens, auch im politischen, Autoritätsansprüche stellt.[39] Da es infolge von Murren und Bundesbruch immer wieder zu scharfen Abgrenzungen und Bestrafungen kommt, führt Assmann Carl Schmitts Freund-Feind-Unterscheidung ein, die für dessen Definition des Politischen konstitutiv ist und sich im Ernstfall manifestiert. Dagegen ist kritisch einzuwenden, dass ein sachlogischer Zusammenhang zwischen der Unterscheidung und dem Sachverhalt einer „totalen Religion" nicht ersichtlich ist. Es geht lediglich in beiden Fällen auch um Identität und Zugehörigkeit, um Assoziation und Dissoziation. Hier sieht Assmann wohl in besonderer Weise die Struktur einer Religion, „die dann unter den Bedingungen des Ernstfalls, das heißt im Rahmen einer spezifischen Semantik, den höchsten Intensitätsgrad der totalen Religion annimmt."[40]

---

[38] Assmann ³2018, S. 122f.

[39] „Ich möchte daher die deuteronomistische Konzeption des Gottesbunds als utopischen Entwurf einer totalen Religion verstehen, die alle sonstigen Differenzierungen und Bindungen relativiert" (aaO., S. 123f., mit Zitat von Dtn 17,14–20).

[40] AaO., S. 123.

Natürlich lassen sich einzelne Elemente der Theoriebildung Schmitts im Blick auf das Politische, die Freund-Feind-Unterscheidung und den totalen Staat auch auf die Deutung der Religion Israels anwenden. Aber man sollte auch die Grenzen eines solchen Verfahrens benennen. *Zuerst einmal* ist zu betonen, dass in Carl Schmitts Theoriebildung die Freund-Feind-Unterscheidung weder werkgenetisch noch sachlogisch mit dem Konzept des totalen Staates verbunden ist. Ein Zusammenhang besteht lediglich durch die gemeinsame Frontstellung gegen den liberalen Staat. Die Unterscheidung von Freund und Feind, welche die Extreme des Intensitätsgrads von Dissoziation und Assoziation im Zusammenleben von Menschen bezeichnen, dient Schmitt dazu, den Zweck der politischen Ordnung zu bestimmen.[41] Der besteht darin, dass das Extrem der Dissoziation, das mit dem Begriff „Feind" bezeichnet wird und im Krieg hervortritt, vermieden wird. Gegner ist das Modell einer auf den Traditionen des Liberalismus fußenden parlamentarischen Demokratie, in der es beim Politischen um den Ausgleich unterschiedlicher Interessen und die Begrenzung der Machthaber geht. Das Konzept des totalen Staates hat Schmitt Mitte der 1920er Jahre wohl mit Bezug auf Ernst Jüngers Terminologie entworfen und den neuen politischen Realitäten seit 1933 angepasst. Ausgangspunkt war die zeitlebens bewahrte Auffassung, dass die Weimarer Verfassung aufgrund ihrer im Liberalismus begründeten Begrenzung staatlicher Macht

[41] „Die Unterscheidung von Freund und Feind hat den Sinn, den äußersten Intensitätsgrad einer Verbindung oder Trennung, einer Assoziation oder Dissoziation zu bezeichnen" (Schmitt 2018, S. 78). Zu den Gefahren eines bellizistischen Verständnisses des Politischen bei Schmitt vgl. Schmitz 1965, S. 96–109.

ungeeignet sei, die Herausforderungen einer Demokratie im Massenzeitalter zu lösen.

Carl Schmitt hat nicht „im Blick auf den theoretischen Ernstfall des Krieges den totalen Staat" gefordert.[42] Wenn man eine Entsprechung zu Schmitts Freund-Feind-Unterscheidung als Wesen des Politischen suchen wollte, wäre sie bei der Vermeidung des Extrems der Dissoziation, das mit dem Begriff „Feind" bezeichnet wird und im Krieg hervortritt, zu suchen. Dann könnte man sagen, dass – angesichts des Ernstfalls des Bundesbruchs – im „deuteronomistische[n] Puritanismus" die besondere Betonung von Treue und Gehorsam im Gottesverhältnis ins Zentrum geraten ist, nicht aber die Forderung nach einer „totalen Religion".[43]

Zum anderen verunklart Assmanns Übertragung von Schmitts Konzepten des Politischen auf den Bereich des Religiösen einen fundamentalen Sachverhalt: Der Geltungsanspruch von Religion bezieht sich per definitionem auf das Herz bzw. die Gesinnung und nicht nur die äußeren Handlungen. Letzteres ist der staatlichen Gesetzgebung, wie sie zum Beispiel im römischen Recht erläutert wird, eigentümlich. Es ist charakteristisch für jede Form von Religion in einer vormodernen Gesellschaft, dass sie nicht wie in der Moderne, wo die Trennung von Recht und Moral gilt, einen Bereich neben anderen Bereichen bildet. „Funktionale Differenzierung", das heißt, „die Ausdifferenzierung unterschiedlicher gesellschaftlicher Bereiche wie Recht, Wirtschaft, Politik, Wissenschaft oder Religion, die unterschiedlichen Funktionslogiken und Leitunterscheidungen folgen", wird bekanntlich als

---

[42] Assmann [3]2018, S. 122, zit. oben S. 101.
[43] Vgl. ebd., zit. oben S. 101.

konstitutives Kennzeichen moderner Gesellschaften herausgestellt.[44] Von Assmanns Theoriebildung übrig bleibt lediglich der schlichte Sachverhalt, dass heute Fundamentalisten jedweder Couleur auf Elemente des religiösen Wissensbestandes zurückgreifen, um die für die moderne Gesellschaft charakteristische Ausdifferenzierung verschiedener Bereiche rückgängig zu machen.

Drittens impliziert Assmanns Übertragung der Schmitt'schen Freund-Feind-Unterscheidung als Wesen des Politischen auf die Deutung des alttestamentlichen Monotheismus, dass die Abgrenzung vom Feind, insbesondere die Ausgrenzung des inneren Feindes, dessen wesentliches Anliegen gewesen sei. Abgesehen von dem grundsätzlichen Problem der Fixierung des *Wesens* einer religiösen Formation ist es abwegig, darin „das Wesen" der alttestamentlichen Religion oder auch nur der besonderen deuteronomistischen Richtung zu sehen. Das gilt sowohl für die Ebene der Texte als auch für ihre Wirkungsgeschichte. Wenn die Ausgrenzung des inneren Feindes thematisiert wird, ist das gerade auch in der Wirkungsgeschichte eindeutig ein Sekundärphänomen bzw. eine Begleiterscheinung des eigentlichen Anliegens, des Bundes Gottes mit seinem Volk.

3.3 Kontext der Debatte und Rezeption der Thesen

Die Intensität der Debatte und die außerordentlich breite Rezeption der Thesen Jan Assmanns in Feuilleton und Wissenschaft bedürfen einer Erklärung. Die Grundfragen

[44] Pollack 2017, S. 143 (mit Verweis auf Niklas Luhmann, Pierre Bourdieu, Ulrich Beck und Uwe Schimank).

nach der Toleranz der Religionen und einer Gemeinwesenverträglichen Ausgestaltung sind spätestens seit der Aufklärung eingehend und immer wieder neu diskutiert worden. Warum hat sich die Debatte in den letzten beiden Jahrzehnten in signifikanter Weise verstärkt? Jan-Heiner Tück hat drei Faktoren für eine veränderte, deutlich kritischere Bewertung des Monotheismus und damit auch für die Attraktivität der Thesen Jan Assmanns genannt.[45]

Zum einen habe sich die philosophische Großwetterlage verschoben.

„Der metaphysische Primat des Einen vor dem Vielen", der die abendländische Geistesgeschichte seit den Vorsokratikern bestimmt hat, sei durch das Denken der Postmoderne infrage gestellt worden. „Die Vorherrschaft des Einheitsdenkens müsse dekonstruiert werden, es habe die Alterität des Anderen und Fremden, die Vielfalt der Kulturen und die Heterogenität der geschichtlichen Kontexte zu lange eingeebnet und nicht hinreichend gewürdigt."[46]

Zum anderen sei der Monotheismus durch die kritische Aufarbeitung der Christentumsgeschichte in Misskredit geraten. Antijudaismus, Zwangsbekehrungen, Kreuzzüge, Inquisition und andere Hypotheken der Kirchengeschichte sind ins öffentliche Bewusstsein geraten.[47] Eckhard Nordhofen hat das treffend auf den Punkt gebracht:

„Auch wenn kirchliche Kreise hier einen speziellen Eifer an den Tag legten, breitete sich in der intellektuellen, mehr und mehr agnostisch geprägten Klasse, in Universitäten, Feuilletons und Lehrerzimmern ein Bauchgefühl für die Schädlichkeit von Religion aus. Religion ist eine Quelle von Krieg und Gewalt, […].

[45] Vgl. Tück 2015, S. 216f.; vgl. auch Nordhofen 2018, S. 727–729.
[46] Tück 2015, S. 216.
[47] Vgl. ebd.

Unter Toleranz verstand das Justemilieu die Äquidistanz zu allen Religionen, jeder Wahrheitsanspruch war hochtoxisch."[48]

Das starke Gewicht, das die Debatte um Luthers judenfeindliche Spätschriften im Zusammenhang des 500-jährigen Reformationsjubiläums eingenommen hat, wäre ein weiterer Beleg für die veränderte religiöse Großwetterlage.

Zum dritten sei mit den Ereignissen vom 11. September 2001 und zahlreichen weiteren islamistischen Terrorakten eine Gewalttätigkeit ins Bewusstsein getreten, welche die Debatte um einen möglichen Zusammenhang von Religion und Gewalt neu entfacht hat.[49]

Damit sind jedoch nicht alle Gründe für die umfassende Rezeption und Diskussion der Thesen Jan Assmanns benannt. Die Milieus, in denen die klassischen Formen des Christentums in der katholischen und evangelischen Ausprägung tradiert worden sind, befinden sich in Auflösung. Das bedeutet jedoch nicht einen Rückgang des Interesses an Religion, sondern eine Verlagerung hin zu undogmatischen Formen des Christentums oder allgemeiner Religiosität.[50] Hier ist Assmanns Behandlung des Themas Religion – Negativwertung dogmatisch-autoritärer Religion bei gleichzeitiger Sympathie für Religion im Gewand von Wissenschaft und Poesie – außerordentlich anschlussfähig. Verstärkt wird der Effekt durch eine gewisse Offenheit in der Argumentation. Nicht nur hat Assmann sich in verschiedenen Gesprächskontexten

[48] Nordhofen 2018, S. 728f.
[49] Vgl. Tück 2015, S. 216f.
[50] Vgl. u.a. Pollack 2003.

zu Modifikationen von Thesen bereit erklärt,[51] sondern es bleibt auch in der letzten großen Veröffentlichung zum Thema bei einem breiten Interpretationsspielraum. Am undogmatischen, vernünftigen und moraltauglichen Christentum der Aufklärung Interessierte können sich ebenso wiederfinden wie grundsätzliche Kritiker monotheistischer Religion.

So wendet Assmann sich in dem Buch *Totale Religion* zwar gegen Peter Sloterdijks Charakterisierung der Religion Israels als Urbild einer „Phobokratie", einer auf der Kultivierung von Furcht basierenden Herrschaft.[52] An entscheidender Stelle betont er jedoch weitgehende Gemeinsamkeiten und lehnt sich bei der Übernahme der – für seine letzte Darstellung zentralen – „Kategorie des Totalen" ausdrücklich an dessen kritische Darstellung des biblischen Monotheismus an.[53] Sloterdijk selbst hatte sich

---

[51] Zu der umfassenden, auf www.perlentaucher.de geführten Debatte um Assmanns Thesen vgl. CHERVEL 2013.

[52] Vgl. ASSMANN ³2018, S. 108. Eine weitere Differenz zu Sloterdijk markiert Assmann dergestalt, dass es ihm vor allem um den „introvertierten Charakter des Gotteseifers", d.h. die nach innen, gegen die Abtrünnigen im eigenen Volk gerichtete Gewalt geht, Sloterdijk hingegen um die den Monotheismen eigene Gewalttätigkeit gegen äußere „Feinde" (vgl. aaO., S. 151 Anm. 143, mit Bezug auf: SLOTERDIJK 2007).

[53] „In seiner Schrift ‚Im Schatten des Sinai. Fußnote über Ursprünge und Wandlungen totaler Mitgliedschaft' (Berlin 2014 [richtig: 2013]), die inhaltlich mit vielen der in diesem Buch geäußerten Gedanken Berührungspunkte hat, bringt auch der Philosoph Peter Sloterdijk mit der ihm eigenen Sprachgewalt die biblische Bundestheologie beziehungsweise ‚sinaitische Konstitution' mit der Kategorie des Totalen in Verbindung" (ASSMANN ³2018, S. 16 Anm. 12). Der Untertitel von Sloterdijks Büchlein „Fußnote über Ursprünge und Wandlungen totaler Mitgliedschaft" zeigt eine gewisse Parallelität zum Untertitel von Assmanns Schrift „Ur-

in seiner grundlegenden Kritik des Monotheismus emphatisch auf Assmanns Veröffentlichungen zu Mose und der mosaischen Unterscheidung berufen.[54]

In den zahlreichen Besprechungen der Werke in den Feuilletons oder wissenschaftlichen Zeitschriften lässt sich die Wahrnehmung und positive Würdigung Assmanns als Kritiker des Monotheismus (wider Willen) vielfältig studieren. So fasst die Zeitschrift *philosophie Magazin* ein Gespräch mit ihm im Jahr 2013 wie folgt zusammen:

„Ägypten ist die eigentliche Wiege der europäischen Kultur, monotheistische Religionen neigen zur Gewalt, der Holocaust wird die Religion der Zukunft. Der Ägyptologe *Jan Assmann* gehört zu den führenden und thesenstärksten Kulturtheoretikern

---

sprünge und Formen puritanischer Verschärfung". Zum Ausdruck „totale Mitgliedschaft" vgl. SLOTERDIJK 2013, S. 42–51.

[54] Vgl. SLOTERDIJK 2007, S. 206–212; vgl. auch aaO., S. 174. Inzwischen hält es Sloterdijk nicht mehr für „sehr sinnvoll", „das Gewaltproblem weiterhin vorrangig an einem religionstheoretischen Konstrukt namens ‚Monotheismus' festzumachen" (SLOTERDIJK 2014, S. 125 f.). Das enge Gespräch mit Assmann wird jedoch fortgeführt. Mit Bezug auf die Erzählung von Bundesschluss und -bruch am Sinai stellt Sloterdijk jetzt die „Funktion des bundförmigen Singularisierungsprojektes samt seinen psychosozialen und moralischen Kosten in den Vordergrund. Tatsächlich bietet die Erzählung vom Bundesbruch durch das Volk Israel während der Absenz des Moses auf dem Gottesberg, wie sie im Kapitel 32 des Buchs Exodus zu lesen ist, das unüberbietbare Paradigma eines durch den Singularisierungsvertrag motivierten Gewaltakts. Im Bericht hiervon findet sich einer der schlimmsten Sätze der Religionsgeschichte aller Zeiten. […] Wenn es tatsächlich gute Gründe gibt, von einer Gruppe eminenter monotheistischer Religionen und ihrem problematischen Verhältnis zur Gewaltfrage zu sprechen, so deswegen, weil die Grundstrukturen der sinaitischen Konstitution wenn auch nicht in allen Hinsichten, so doch in wesentlichen Elementen auf die Nachfolgereligionen des Judentums, namentlich das Christentum und den Islam, übergegangen sind" (aaO., S. 126 und 136).

unserer Zeit. Ein Gespräch mit einem Mann, dessen Gedächtnis mehr als 6000 Jahre in die Vergangenheit reicht."[55]

Dirk Pilz erwähnt in seiner eulogischen Besprechung des Buches *Exodus. Die Revolution der Alten Welt* von 2015 Assmanns Differenzierung, dass nicht die Unterscheidung von wahr und falsch entscheidend sei, sondern jene von Treue und Untreue. In der Überschrift und der Zusammenfassung der Besprechung ist diese Differenzierung aber wieder verloren gegangen:

„Jan Assmann ‚Exodus'. Die Gewalt des Monotheismus. An diesem Buch wird der Leser nicht vorbeikommen: an Jan Assmanns neuem großartigen Buch über Religion und Glaube ‚Exodus. Die Revolution der Alten Welt'. Der Kulturwissenschaftler erläutert die Entstehung des Monotheismus."[56]

Auf der anderen Seite des Spektrums der Rezipienten hat Rolf Schieder im Anschluss an die anfangs außerordentlich kritische Auseinandersetzung[57] mit Assmanns Monotheismus-Thesen und deren Modifikation eine erstaunlich weitgehende Übereinstimmung konstatiert.

„Man kann Jan Assmann nicht genug dafür danken, dass er diese Debatte angeregt, mögliche Missverständnisse seiner erinnerungsgeschichtlichen Rekonstruktion der Figur des Mose ausgeräumt und in die Irre führende Interpretationen zurückgewiesen hat. Für Antijudaismus, Polytheismusromantik und billige Monotheismuskritik ist er als Gewährsmann nicht zu haben."[58]

Noch bezeichnender für Assmanns souveräne Dialogbereitschaft und Anschlussfähigkeit ist der Sachverhalt,

---

[55] philosophie Magazin 2013.
[56] Pilz 2015; vgl. auch Strenger 2015.
[57] Vgl. Schieder 2008.
[58] Schieder 2014b, S. 150.

dass das Buch *Totale Religion* dem katholischen Wiener Dogmatiker und Dogmengeschichtler Jan-Heiner Tück gewidmet ist. Dieser hat sich bei allen kritischen Rückfragen in ein tiefgehendes Gespräch mit Assmann begeben und wichtige Übereinstimmungen herausgestellt; so zum Beispiel mit dem Dekret *Nostra Aetate* des Zweiten Vatikanischen Konzils bei der Suche nach einer friedlichen Koexistenz der Religionen in einer globalen Welt.[59]

Jan Assmann kann nicht für alle Fehlinterpretationen seines Werkes verantwortlich gemacht werden, insbesondere diejenigen, die von ihm klar formulierte Revisionen nicht zur Kenntnis nehmen.[60] Gleichwohl ist nicht zu verkennen, dass sich auch in der letzten umfangreichen Darstellung des Themas „Monotheismus und Sprache der Gewalt" zugespitzte oder pauschale Formulierungen finden, die zum Missverständnis geradezu einladen. So muss man beim folgenden Satz eine grundsätzliche Gewaltaffinität des biblischen Monotheismus (und nicht nur eines Monotheismus der Treue) voraussetzen:

> „Meine Frage ist also, welche Funktion das Thema Gewalt in den Texten erfüllt, in denen der biblische Monotheismus seine Entstehung und Durchsetzung erzählt und erinnert. Wohlgemerkt: Ich frage nicht ‚Warum wurde der Monotheismus so gewaltsam durchgesetzt?', sondern ‚Warum wurde seine Durchsetzung in der Sprache der Gewalt dargestellt und erinnert?'"[61]

Bei der Darstellung des Monotheismus der Wahrheit konstatiert Assmann anfangs die Verspottung der falschen Re-

---

[59] Vgl. Tück 2015, S. 238.

[60] Exemplarisch sei genannt: Schulz 2006, S. 113–117 und 119–123. Die kritische Distanzierung Assmanns von der polemischen Weiterverarbeitung seiner Thesen wurde in der Zeitschrift *Der Spiegel* nicht gedruckt (vgl. aber Assmann 2007a).

[61] Assmann ^{3}2018, S. 27.

ligion mit den Mitteln der Religionssatire,[62] lässt diese aber dann in „eine Art von semantischem Vernichtungskrieg" münden.[63] Im weiteren Verlauf des Argumentationsgangs urteilt er, dass „der Hass des Konvertiten auf die eigene Vergangenheit" nicht nur dem Monotheismus der Treue, sondern dem Monotheismus insgesamt eigen ist.

„Vielleicht liegt im Begriff der Konversion überhaupt ein Schlüssel für das Problem der Sprache der Gewalt. Konversion gehört zu den Phänomenen, die es nur im Horizont des exklusiven Monotheismus beziehungsweise der Devise ‚Keine anderen Götter!' gibt."[64]

Angesichts eines neuen, gesteigerten, emphatischen Wahrheitsbegriffs, der keine Kompromisse dulde, heißt es dann:

„Daher bedarf der exklusive Monotheismus dieser Semantik des Bruches, der Abgrenzung, der Konversion. In diesem Zwang zur Entscheidung, der Pflicht zu Erinnerung und ständigem innerem Nachvollzug und der Angst vor Rückfall und Vergessen wurzeln die Motive der Gewalt, die tief in die Fundamente der kulturellen Semantik monotheistischer Religionen eingelassen sind."[65]

Auch die Ankündigung des Inhalts auf dem Bucheinband ist bewusst offen formuliert, um Interesse zu wecken:

---

[62] Vgl. aaO., S. 58 f.

[63] AaO., S. 67; siehe auch unten S. 120 mit Anm. 89.

[64] AaO., S. 70, mit Verweis auf: NOCK 1933. Der Verweis ist allerdings widersinnig, da Nock unter anderem Phänomene der Konversion zu antiken Kulten und das Phänomen „Conversion to Philosophy" (vgl. aaO., S. 164–186) behandelt. Gegen Assmanns Fixierung auf den Monotheismus legt Nock einen offeneren Begriff von Konversion zugrunde: „By conversion we mean the reorientation of the soul of an individual, his deliberate turning from indifference or from an earlier form of piety to another, a turning which implies a consciousness that a great change is involved, that the old was wrong and the new is right" (aaO., S. 7).

[65] ASSMANN ³2018, S. 71.

„Immer wieder dient Religion als Rechtfertigung für Gewalt. Schon die Erinnerung an die Durchsetzung des Monotheismus ist in vielen religiösen Schriften von einer drastischen Rhetorik der Gewalt geprägt. Friedenspreisträger Jan Assmann stellt die Frage nach dem Warum und skizziert die Umstände, unter denen diese Sprache der Gewalt in Taten umschlagen kann."

Die an einzelnen Stellen des Buches ausdrücklich formulierte Abgrenzung, „dass die Gewalt dem Monotheismus nicht als eine notwendige Konsequenz eingeschrieben ist", verschwindet in der Rezeption nur zu leicht.[66]

Das Phänomen einer Eigendynamik der Wirkungsgeschichte der Thesen Assmanns zeigt sich besonders deutlich in der französischen Sprachwelt. Hier sind die intellektuellen Debatten und der öffentliche Diskurs durch laizistische Traditionen geprägt. Entsprechend steht die Monotheismus-kritische Dimension der Thesen zum Zusammenhang von Monotheismus und Sprache der Gewalt im Vordergrund. Lediglich die früheren Monographien zum Thema liegen in französischer Übersetzung vor.[67] Die ausdrückliche Modifikation, dass es um den Zusammenhang von Monotheismus der Treue, nicht jedoch des Monotheismus insgesamt, und Sprache der Gewalt gehe, findet sich in französischer Sprache lediglich in einem kurzen Aufsatz in einer Fachzeitschrift, der *Revue de*

---

[66] AaO., S. 76. Auch die Rede vom „semantische[n] Dynamit, das in den heiligen Texten der monotheistischen Religionen steckt", transportiert eine doppelte Botschaft: „Das semantische Dynamit, das in den heiligen Texten der monotheistischen Religionen steckt, zündet in den Händen nicht der Gläubigen, sondern der Fundamentalisten, denen es um politische Macht geht und die sich der religiösen Gewaltmotive bedienen, um die Massen hinter sich zu bringen" (ebd.).

[67] Vgl. Assmann 2001; Assmann 2007b; Assmann 2009; vgl. auch Assmann 2012; Assmann 1999; Assmann 2000.

l'histoire des religions.[68] In den Lektürevorgaben der sozialwissenschaftlichen, politologischen oder historischen Studiengänge der Science PO, an der die künftigen „Eliten" ausgebildet werden, finden sich lediglich die frühen Werke Assmanns, die einen recht unmittelbaren Zusammenhang von Monotheismus und Gewalt postulieren.

Selbstverständlich gibt es noch weitere Gründe für die enorme Rezeption der Thesen Assmanns. Die gute Lesbarkeit und die Veranschaulichung der Gedankengänge durch religionsgeschichtliche Parallelen tragen ebenfalls zur Attraktivität bei. Und nicht zuletzt dürften die starken Formulierungen[69] und zahlreichen aktuellen Bezüge, die der Verfasser ohne allzu viel Sorge um Missverständnisse einstreut,[70] das Interesse einer breiteren Leserschaft wecken.

Schließlich ist ein weiterer Grund für die hohe Anschlussfähigkeit der Thesen Jan Assmanns zum Zusammenhang von Monotheismus und Sprache der Gewalt zu nennen. Sie folgen aus konzeptionellen Grundentschei-

---

[68] Vgl. Assmann 2014d.

[69] Vgl. z.B. die Urteile über die Formierung und Durchsetzung des jüdischen Monotheismus, Assmann ³2018, S. 23: „Der Sprung, um den es hier geht, die Offenbarung, in der Gott sich ein Sklavenvolk aus Ägypten befreit, um es in die vollkommen neue Welt des Gottesbundes einzuführen, ist vermutlich der radikalste Sprung, den die Kultur jemals gemacht hat, handelt es sich doch hier um die Wende vom Poly- zum Monotheismus und zu dem, was wir heute unter ‚Religion' verstehen. In der biblischen Rückerinnerung der Bücher Exodus bis Deuteronomium hat sie die narrative Form eines alles wendenden Ereignisses angenommen." Das wird unterstrichen durch einen Verweis auf Aleida Assmanns Urteil, dass sich „der Urknall der Modernisierung […] mit dem Auszug aus Ägypten vollzogen habe" (ebd., mit Zitat aus: Aleida Assmann 2013, S. 94).

[70] Vgl. z.B. Assmann ³2018, S. 57 (zur Deutung des Daesh bzw. „Islamischen Staats").

dungen, die auf zentrale Herausforderungen der Gegenwart Antwort zu geben suchen. In einer globalisierten Welt leben verschiedene Kulturen mit unterschiedlichen Selbst- und Weltdeutungen auf eng gewordenem Raum zusammen. Die wahrnehmungs- und handlungsbestimmenden Deutungen haben ihre Selbstverständlichkeit verloren und bedürfen der Klärung und Erläuterung. Eben dieser Aufgabe widmen sich die Forschungen Jan und Aleida Assmanns zur Funktion und Wirkung semantischer Formationen bzw. der Bedeutung des kulturellen Gedächtnisses. Hier ist auch werkgeschichtlich gesehen der Ausgangspunkt der Monotheismus-Thesen Jan Assmanns.

3.4 Kulturelle Semantik, kulturelles Gedächtnis und Sprache der Gewalt

In der Diskussion um seine frühen Thesen zum Zusammenhang von Monotheismus und Gewalt hat Assmann mehrfach betont, dass es ihm nicht um sich faktisch ereignende Gewalt, sondern um den Zusammenhang von Monotheismus und *Sprache der Gewalt* gehe.[71] In dem Buch *Totale Religion* erläutert er sein Konzept der „kulturellen Semantik“[72] wie folgt: Sein Ziel sei,

> „die biblische Sprache der Gewalt […] einer – nicht theologischen, sondern – kulturwissenschaftlichen, historischen Reflexion zu unterziehen. Dabei beziehe ich mich auf etwas, das ich ‚kulturelle Semantik‘ nenne, […]. Darunter verstehe ich die

[71] Siehe oben Anm. 10.

[72] Zum mehrfach geäußerten Interesse an den „semantischen Formationen“ siehe auch oben S. 90, 96 und 99.

großen Erzählungen und Leitunterscheidungen, mithilfe derer sich eine Gesellschaft in der Welt und in der Zeit orientiert und die sich in ihren fundierenden Mythen, Symbolen, Bildern und literarischen Texten ausprägt. Kulturelle Semantiken verändern und überlagern sich; man darf sich darunter kein monolithisches, wasserdichtes Gehäuse vorstellen. Dennoch bestimmen sie das Handeln und Erleben, Denken, Erinnern und Planen derer, die in ihren Horizonten leben, auf eine entscheidende und vielfach unbewusste Weise. Auch der Monotheismus stellt eine solche kulturelle Semantik, ein semantisches Paradigma dar, das sich in großen Erzählungen und Leitunterscheidungen artikuliert. Mein Thema ist nicht das ‚Wesen' des Judentums, Christentums, Islams und so weiter, sondern die Ursprünge einer bis heute lebendigen kulturellen Semantik, in deren Rahmen Menschen gedacht und gehandelt haben."[73]

Konkret bedeutet das, nach der Funktion zu fragen, die das Thema Gewalt in den Texten erfüllt, die die Entstehung und Durchsetzung des biblischen Monotheismus erzählen und erinnern.[74]

Es geht ausdrücklich nicht um irgendwelche realen Ereignisse der Gewalt, sondern um deren sprachliche Gestalt, ihre Funktion und die Folgen der Verschriftlichung für die Erinnerung und die durch sie konstituierte Identität. Hier sieht Assmann, dass in den kanonischen Texten der Bibel die Themen Gewalt, Hass und Sünde „eine auffallend große Rolle" spielen.[75] Gemäß dem Konzept der kulturellen Semantik und ihrer Bedeutung für das kollektive Gedächtnis muss das bis in die Gegenwart reichende Folgen haben.

Seit den 1990er Jahren entfalteten Aleida und Jan Assmann in zahlreichen Werken eine Theorie des kulturellen

[73] Assmann ^{3}2018, S. 26f.
[74] Vgl. aaO., S. 27.
[75] AaO., S. 29.

Gedächtnisses, die entsprechende Arbeiten Maurice Halbwachs' und Émile Durkheims fortführt.[76] Das kulturelle Gedächtnis bildet zusammen mit dem kommunikativen Gedächtnis, das auf der mündlichen Überlieferung der vorangegangenen Generationen beruht, gruppengebunden ist und mündlich weitergegeben wird,[77] das kollektive Gedächtnis. Im Unterschied zum kommunikativen Gedächtnis ist das kulturelle Gedächtnis ein Phänomen der longue durée und orientiert sich an schicksalhaften Ereignissen der fernen Vergangenheit, „deren Erinnerung durch kulturelle Formung (Texte, Riten, Denkmäler) und institutionalisierte Kommunikation (Rezitation, Begehung, Betrachtung) wachgehalten wird".[78]

> „Unter dem Begriff des kulturellen Gedächtnisses fassen wir den jeder Gesellschaft und jeder Epoche eigentümlichen Bestand an Wiedergebrauchs-Texten, -Bildern und -Riten zusammen, in deren ‚Pflege' sie ihr Selbstbild stabilisiert und vermittelt, ein kollektiv geteiltes Wissen vorzugsweise (aber nicht ausschließlich) über die Vergangenheit, auf das eine Gruppe ihr Bewußtsein von Einheit und Eigenart stützt."[79]

Kennzeichen, auch im Unterschied zum kommunikativen Gedächtnis, sind eine stärkere Geformtheit, Organisiertheit und Verbindlichkeit bzw. sogar Normativität. Die Weitergabe erfolgt mündlich und schriftlich, in erzählenden und in normativen Texten.

Assmanns besonderes Interesse richtete sich bald auf die frühen Schriftkulturen, den Übergang „von ritueller

---

[76] Vgl. bes. Aleida ASSMANN ³2006; Jan ASSMANN ⁸2018; vgl. auch HALBWACHS 1950; dt. 1991; zu Émile Durkheims Theorie der „kollektiven Vorstellungen" vgl. DURKHEIM 1976, S. 45–83.

[77] Vgl. ASSMANN 1988, S. 10f.

[78] AaO., S. 12.

[79] AaO., S. 15.

zu textueller Kohärenz" und die Kanonisierung der Texte, insbesondere die ägyptische Schriftkultur.[80] In Israel ergab sich eine spezifische Entwicklung infolge der zweimaligen Zerstörung des Tempels im sechsten vorchristlichen und ersten nachchristlichen Jahrhundert. Hier musste man eine Alternative zur rituellen Weitergabe finden, da der Tempel als Kultort nicht mehr zur Verfügung stand. So kam es zur Bildung des kulturellen Gedächtnisses qua Kanonisierung, Weitergabe und Auslegung von Texten.[81]

Methodisch gesehen stellt sich die Frage, wie semantische Formationen bzw. kulturelle Semantik im Vergleich zum kulturellen Gedächtnis zu bewerten sind. Gelten für sie als Bestandteile des kulturellen Gedächtnisses ebenfalls die Kriterien, mit deren Hilfe das kulturelle Gedächtnis charakterisiert wird? Die Frage ist zu bejahen, denn Assmann beschreibt semantische Formationen als Bestandteile des kulturellen Gedächtnisses. Ein erstes wesentliches Kriterium ist die bis in die Gegenwart reichende Überlieferung, wenn er von den semantischen Formationen als „einer bis heute lebendigen kulturellen Semantik" spricht.[82] Für den Monotheismus als „eine solche kulturelle Semantik, ein semantisches Paradigma" ist das plausibel.[83] Denn hier finden sich kräftige, unzweifelhaft bis in die Gegenwart reichende Wirkungen. Auch kann man hier von einem „Bestand an Wiedergebrauchs-Texten, -Bildern und -Riten" ausgehen, mit deren Hilfe ein „Selbstbild stabilisiert und vermittelt"

---

[80] Assmann [8]2018, S. 87–129, bes. 115–121, und 167–177, bes. 174–177.

[81] Vgl. schon den frühen Sammelband: Assmann/Assmann (Hg.) 1987.

[82] Assmann [3]2018, S. 27, zit. oben S. 115.

[83] Ebd., zit. oben S. 115.

und ein Wissen über die Vergangenheit geteilt wird, „auf das eine Gruppe ihr Bewußtsein von Einheit und Eigenart stützt".[84]

Sehr viel weniger eindeutig ist die biblische Sprache der Gewalt als Bestandteil des kulturellen Gedächtnisses zu fassen. Man kann zum Beispiel die Sanktionierung des Bundesbruchs mittels Gewalt als semantische Formation beschreiben, aber schon die Charakterisierung als eine bis heute lebendige kulturelle Semantik ist nur mit Einschränkungen möglich. Denn das gilt jedenfalls im Bereich des Judentums und Christentums nur für vergleichsweise sehr kleine Gruppen. Im Mainstream der Wirkungsgeschichte haben sich die entsprechenden Texte in der Konkurrenz mit gegenläufigen Texten des Kanons in komplexer Weise weiterentwickelt und verwandelt oder sind sogar weitgehend zum Schweigen gebracht worden.

Das gilt bereits ansatzweise für die Phase der Kanonbildung der hebräischen Bibel, insbesondere aber in der weiteren Auslegungsgeschichte des rabbinischen Judentums, in der Rezeption durch das Neue Testament und in der weiteren Christentumsgeschichte. Gerade im Sinne einer Theorie des kulturellen Gedächtnisses reicht es nicht, hier vereinzelte Belege für eine Rezeption einzelner biblischer Texte aufzubieten, ohne deren Stellenwert im Vergleich zu anderen rezipierten Texten und Bildern einzuordnen.

Ein rezeptionsästhetisch dominierter Ansatz ist durch mentalitätsgeschichtliche Zugänge zu ergänzen, diese wiederum durch begriffs- und rezeptionsgeschichtliche Studien. Der ebenfalls von Maurice Halbwachs inspirierten Mentalitätsgeschichtsschreibung der École des An-

[84] ASSMANN 1988, S. 15.

nales ging es darum, in diesem Sinn der Dimension des kulturellen Gedächtnisses gerecht zu werden. Man tat das, indem man Belege für die breite Wirkungsgeschichte von Texten, Bildern und Konzepten suchte, die nicht nur einzelne Vertreter des intellektuellen Milieus oder der politischen Führungsschicht umfasste – zum Beispiel in Gestalt von Grabinschriften.[85] Wenn solche Quellen nicht vorliegen, ist auf weitere Quellen wie Bildprogramme in Kirchenbauten, Predigten, Unterrichtswerke und andere schriftliche Zeugnisse zurückzugreifen. Erst dann kann man im vollen Sinn davon sprechen, dass eine semantische Formation Teil des kulturellen Gedächtnisses geworden ist. In jedem Fall ist der Stellenwert der semantischen Formation im Kanon und das Ausmaß bzw. die Reichweite der Rezeptionsgeschichte bis in die Gegenwart zu berücksichtigen.

3.5 Reduktion der kanonischen Vielfalt

Ein Grundproblem der Thesen Jan Assmanns ist die mangelnde Berücksichtigung der Pluralität des biblischen

[85] Burke 2004. In den fünfziger und sechziger Jahren des 20. Jahrhunderts bildeten sich innerhalb der Bewegung der École des Annales unterschiedliche Richtungen heraus, die dann wiederum in fruchtbarer Weise kombiniert wurden. Auf der einen Seite stellte man die Erforschung grundlegender kultureller Phänomene in den Mittelpunkt und arbeitete an einer „Mentalitätsgeschichte" im engeren Sinne. Auf der anderen Seite analysierte man mit statistischen Methoden Quellen, die in großer Zahl vorlagen. Als herausragende Vertreter einer solchen Kombination der Analyse von Phänomenen des kulturellen Gedächtnisses mit wirtschaftsgeschichtlichen Zugängen seien (mit jeweils unterschiedlicher Schwerpunktsetzung) George Duby, Pierre Chaunu und Emmanuel Le Roy Ladurie genannt.

bzw. alttestamentlichen Kanons. Erich Zenger hatte den ursprünglichen Thesen Assmanns exemplarisch Texte des Alten Testaments, die ausdrücklich Gewalt zu begrenzen suchen, entgegengehalten.[86] Daraufhin hat Assmann, wie erwähnt, seine Thesen dergestalt modifiziert, dass es ihm nur um den Zusammenhang einer spezifischen Form des Monotheismus, des Monotheismus der Treue, mit einer Sprache der Gewalt gehe.

Der Monotheismus der Wahrheit verfolge im Unterschied zum Monotheismus der Treue die „falsche" Religion „nicht mit physischer Gewalt, sondern mit Spott und Verachtung".[87] Damit versucht Assmann der Vielfalt des Kanons gerecht zu werden. Die Differenzierung geht in der neuesten Entfaltung des Themas in dem Buch *Totale Religion* aber wieder verloren. Auch der Monotheismus der Wahrheit scheint ein Gewaltpotential in sich zu bergen. Spott, Verachtung und Satire angesichts der ja gar nicht existenten Pseudogötter seien in Ikonoklasmus, Bild- und Gotteszerstörung umgeschlagen.[88] Es sei zu „eine[r] Art von semantischem Vernichtungskrieg [...], den das Christentum dann ja auch gewonnen hat," gekommen.[89] So muss auch dem Monotheismus der Wahrheit eine Gewaltaffinität attestiert werden.

Sucht man der Vielfalt des Kanons gerecht zu werden, ist zuerst einmal nach dem Stellenwert der von Assmann ins Zentrum gerückten deuteronomistischen Texte über den Bundesbruch und dessen drakonische Sanktionierung zu fragen. Innerhalb des Kanons kann man das Buch bzw. die Bücher Esra-Nehemia zur Wirkungsgeschichte des

[86] Vgl. ZENGER 2005.
[87] ASSMANN ^{3}2018, S. 58; zit. oben S. 97 mit Anm. 22.
[88] Vgl. aaO., S. 62 f.
[89] AaO., S. 67.

Deuteronomiums und des deuteronomistischen Geschichtswerks zählen.[90] Wie dort geht es den Büchern Esra-Nehemia, die ursprünglich ein einziges Buch bildeten, um die Reinhaltung bzw. das Überleben des Volkes nach der Rückkehr aus dem Exil. Die Vermischung mit der im Land gebliebenen Bevölkerung wird als bedrohlich für die Reinheit des Kultes und das Überleben des Volkes dargestellt.[91] So kommt es zu einem Scheidungsprozess bis hin zur Auflösung von Mischehen (vgl. Esr 10). Dabei handelt es sich um eine verschwindend geringe Zahl an Betroffenen, die namentlich genannt werden und mehrheitlich der religiösen Oberschicht des Tempelpersonals angehören. Weitere Parallelen zum deuteronomistischen Geschichtswerk sind das Verlesen des Gotteswortes zur Orientierung in der Gegenwart (vgl. Neh 8,1–12), die Selbstverpflichtung auf das Gesetz Gottes mit ausführlich dargestellter Bundesschlussfeier (vgl. Neh 7–10) sowie die massiven Aufforderungen zur Buße. Bei allem penibel dokumentierten Bemühen um einen geordneten Kultbetrieb und die Reinigung des Volkes von allem Fremden findet sich in den Büchern Esra-Nehemia nicht das gleiche Maß an gewaltträchtiger Sprache wie in den deuteronomistischen Texten des Pentateuchs. Die Entlassung der Frauen (und Kinder!)[92] ist eine gravierende

---

[90] In der neueren Forschung wird als Entstehungszeit die zweite Hälfte des 4. Jh. v. Chr. oder das 3. Jh. v. Chr. angenommen. Zu Einleitungsfragen, zur Theologie und zum Gemeinwesen-Verständnis des Esra-Nehemia-Buchs vgl. Karrer 2001; Pakkala 2005; Albertz 2004; Albertz/Becking (Hg.) 2003.

[91] Zur Überzeugung, dass die Identität nur durch konsequente Abgrenzung gesichert werden kann, vgl. z. B. Esr 4,1–3; Esr 6,21; Esr 9–10; Neh 2,20; Neh 9,2; Neh 10,29; Neh 13.

[92] Vgl. Esr 10,44.

Maßnahme, ebenso die Androhung von Besitzverlust und Ausschluss aus der Gemeinde bei Verstoß[93]. Jedoch bleiben diese Sanktionen deutlich hinter den zum Beispiel in Ex 32,27–29 vorgesehenen Maßnahmen, die bis zum Erschlagen des eigenen Bruders reichen, zurück.

Mit besseren Gründen wird ein anderes im Bereich des Spätjudentums entstandenes Textcorpus von Assmann als Beleg für eine Gewalt-fördernde Wirkungsgeschichte der Pentateuchtexte über den Bundesschluss, den Bundesbruch und dessen drastische Folgen herangezogen: die vier Makkabäerbücher.[94] Diese sind sehr unterschiedlicher Gattung und in dem langen Zeitraum zwischen dem letzten Drittel des 2. Jahrhunderts vor Christus und dem Ende des 1. Jahrhunderts nach Christus entstanden. Erst später wurden sie in einem Schriftencorpus vereinigt.[95] Die ersten beiden Makkabäerbücher erzählen die Geschichte des Aufstandes der Juden unter Führung des Judas Makkabäus und seiner Brüder gegen die Unterdrückung ihrer Religion durch den seleukidischen König Antiochus IV. Epiphanes (175–164 v.Chr.) sowie die Fortsetzung der Kämpfe unter dessen minderjährigem Sohn Antiochus V. Eupator (164–161 v.Chr.).[96] Die Religionspolitik Antiochus' IV. bestand in der Besetzung Jerusalems, der Plünderung des Tempels und im Verbot

---

[93] Vgl. Esr 10,8.

[94] Vgl. Assmann ³2018, S. 131–157; vgl. auch aaO., S. 125–131 („Gewalt als Schrifterfüllung und Gottesdienst").

[95] Zu den Einleitungsfragen vgl. von Dobbeler 1997; zum Makkabäer-Aufstand vgl. Signori (Hg.) 2012.

[96] Das im 1. Jh. v.Chr. entstandene 3 Makk berichtet die Verfolgung der alexandrinischen Juden durch den Ptolemäerkönig Ptolemaios IV. Philopator (221–204 v.Chr.) und ihre Errettung. Das wohl erst Ende des 1. Jh. n.Chr. entstandene 4 Makk bietet keine Erzählungen, sondern stellt eine philosophisch-ethische Abhandlung dar.

der jüdischen Religion mit der Androhung der Todesstrafe. Auch zwang man die Juden, Schweinefleisch zu essen. Dagegen organisierten Judas Makkabäus und seine Brüder einen erfolgreichen Aufstand, der sich auch mit drastischen Maßnahmen gegen „Kollaborateure“ in den Reihen des eigenen Volkes richtete.

Die Historizität der Berichte über die Religionspolitik Antiochus’ IV., insbesondere das Religionsedikt, das die Ausübung der jüdischen Religion bei Strafe des Todes verbietet,[97] ist in der neueren Forschung umstritten.[98] Assmann schließt sich der Auffassung an, die primär einen innerjüdischen Konflikt zwischen denjenigen, die eine eher universalistische Interpretation des eigenen monotheistischen Erbes favorisierten, und den Vertretern einer „exklusivistischen“ Interpretation annimmt.[99] So habe sich der Zelotismus der Makkabäer primär gegen die Assimilationstendenzen in den eigenen Reihen gerichtet. Hier findet Assmann alle Elemente der von ihm herausgearbeiteten Religionstheorie eines Monotheismus der Treue: Gewalt im Namen Gottes, gewaltsame Ausgrenzung von Abtrünnigen, „puritanischer Exklusivismus“[100], „Gesetzespuritanismus“[101], die „totalisierende Kraft“ totaler Religion[102] und Apokalyptik als besondere Form von Ernstfall[103].

---

[97] Vgl. 1 Makk 1,41–53.

[98] Zum Überblick vgl. Berlejung et al. ^{6}2019, S. 569–586 (Literatur).

[99] Vgl. Assmann ^{3}2018, S. 141 f.

[100] AaO., S. 142.

[101] Ebd.

[102] AaO., S. 155.

[103] Vgl. aaO., S. 155 f.

Man kann das 1 Makk mit guten Gründen zur Wirkungsgeschichte der deuteronomistischen Konzeption eines Monotheismus der Treue und insbesondere der für den Fall des Bundesbruchs vorgesehenen Gewaltmaßnahmen rechnen. Man sollte aber hinzufügen, dass die Texte – bei allen Unsicherheiten in der Rekonstruktion der historischen Situation – faktisch die Pluralität des jüdischen Monotheismus im 2. Jahrhundert vor Christus belegen.

In der Situation der Wahrnehmung einer unmittelbaren Bedrohung des Judentums griff der Verfasser, der wohl im letzten Drittel des 2. Jahrhunderts vor Christus im Umkreis des Hofes der Makkabäer zu suchen ist, auf die vorliegenden „semantischen Formationen" zurück. Angesichts der Wahrnehmung einer Bedrohung erfolgt auf allen Seiten offensichtlich eine sprachliche Aufrüstung. Es ist fraglich, ob Assmanns ausgreifende Interpretation, die hier den „Ursprung des Zelotismus" (bis hin zu dem „der iranischen Mullahs") sieht,[104] der historischen Kontextualisierung standhält. Noch krasser hat Peter Sloterdijk die Makkabäerbücher als Kampfschriften einer „altjüdischen Antivermischungspolitik"[105], die vermeintlich „Vernichtungsaktionen gegen assimilationsbereite Mitbürger"[106] thematisieren, bewertet. Es geht ihm um nichts weniger, als an diesen Texten das verhängnisvolle Erbe des im mosaischen Narrativ angelegten „autogenozidalen Drama[s]" nachzuweisen.[107] Assmann geht darauf

[104] AaO., S. 150.

[105] Sloterdijk 2013, S. 28.

[106] AaO., S. 40.

[107] AaO., S. 31. Bei Brumlik wird das abgewandelt aufgenommen als „das verhängnisvolle Erbe der im mosaischen Narrativ angelegten ‚Auto-Genozidalität'" (Brumlik 2014, S. 210). In einer direkten Antwort auf Brumliks Beitrag betont Assmann, dass man

in seinem Buch *Totale Religion* nicht ein, sondern grenzt sich nur in anderer Sache in einer Fußnote von Sloterdijk ab. Dieser verkenne den „introvertierten Charakter des Gotteseifers", der „ein inner-religiöses Phänomen" sei.[108] Micha Brumliks Urteil ist zuzustimmen:

> „Einen schlüssigen Beweis für ein mosaisches, auto-genozidales Erbe im Judentum liefern die Makkabäerbücher und verwandte Quellen jedenfalls nicht. Von monotheistisch gestimmter ‚Auto-genozidalität' kann hier gerade nicht die Rede sein, eher von kriegerischen Handlungen, die in Form eines Bürgerkrieges in Abwehr paganer Intoleranz vollzogen wurden."[109]

Brumliks Durchmusterung assyrischer, ugaritischer, persischer und griechischer Texte bis hin zum „hinduistischen" Lehrgedicht „Bhagavadgita" weckt begründete Zweifel an ursächlichen Zusammenhängen von Monotheismus und Gewalt oder einem Monotheismus der Treue und einer Sprache der Gewalt.[110] Auch die Makkabäerbücher liefern hier keine gegenteiligen Belege:

> „Es mag sein, dass das isolierte mosaische Narrativ zu den grausamsten Texten der Religionsgeschichte gehört, dass 2. Mose 32 – so Sloterdijk – ‚einen der schlimmsten Sätze der Religionsgeschichte' enthält, indes: die Religionsgeschichte weist, wie die wenigen Beispiele gezeigt haben, viele derartiger Sätze auf; mit

---

die Formel von der „autogenozidalen Selbstausgrenzung", die Brumlik Sloterdijk zuspricht, „natürlich […] so nicht stehen lassen" dürfe (Assmann 2014c, S. 260). Zugleich verweist er darauf, dass Sloterdijk die Formel gar nicht gebraucht, sondern mit Bezug auf Ex 32 von einem „autogenozidalen Drama" gesprochen habe. Selbstausgrenzung hingegen sei per se mit Erwählung und Absonderung verbunden.

[108] Assmann ³2018, S. 151 mit Anm. 143.

[109] Brumlik 2014, S. 211.

[110] Vgl. aaO., S. 199–209.

einer ‚mosaischen Unterscheidung' oder ‚Monotheismus' haben sie alle nichts zu tun."[111]

Die Vorbehalte gegen die gewaltaffinen Texte der Makkabäerbücher fanden darin ihren Ausdruck, dass die Makkabäerbücher gerade *nicht* in den hebräischen Kanon aufgenommen wurden. Das ist umso bemerkenswerter, als sie ja in der skizzierten Weise deuteronomistische Anliegen repräsentieren. Lediglich in der Septuaginta, der in der Diaspora in Alexandria gesammelten griechischen Übersetzung des Alten Testaments, sind sie enthalten. Die lateinische Vulgata hat nur die ersten beiden Makkabäerbücher berücksichtigt, was dazu führte, dass diese durch den Beschluss des Tridentinischen Konzils 1546 in den Kanon der römisch-katholischen Kirche aufgenommen wurden. In den Kirchen der Reformation zählen die Makkabäerbücher hingegen nicht zum Kanon der Heiligen Schrift.[112]

Im Übrigen ist auch die Rezeptionsgeschichte der Makkabäerbücher zu beachten. Ihr Niederschlag in der Kunstgeschichte zeugt nur bedingt von einer gewaltfördernden Wirkungsgeschichte. Weitergewirkt haben überwiegend die Texte, die vom Märtyrertum der Aufstän-

[111] AaO., S. 210; vgl. aaO., S. 201: „Die Verbindung von Religion und Wahrheit einschließlich der Ermächtigung zur Ausübung von Gewalt zumal gegen Angehörige der eigenen Gruppe wurde in der Achsenzeit keineswegs nur in den mosaischen Narrativen artikuliert und schließlich im sechsten Jahrhundert, unter Esra und Nehemia folgenreich kodifiziert, sondern fand nachweislich auch in anderen Kulturen statt. Zu vermuten ist, dass dies eine allgemeine, evolutionäre Eigentümlichkeit des Übergangs zu voll entwickelten Hochkulturen war."

[112] Vgl. von Dobbeler 2016.

dischen erzählen,[113] und diejenigen, die vom Einsatz für den Glauben auch mithilfe von Gewaltmitteln berichten. Der Aspekt der Gewaltmaßnahmen gegen die eigenen Volksgenossen tritt in den Hintergrund.[114]

Wenn man der Vielfalt des biblischen bzw. alttestamentlichen Kanons gerecht werden will, muss man neben dem von Assmann ins Zentrum gestellten Monotheismus der Treue auch den immer breiter werdenden Strom weisheitlicher Entfaltung des Monotheismus in den Blick nehmen. Markus Witte hat in der Auseinandersetzung mit Assmann auf die durchaus begrenzte Bedeutung der Mose-Tradition für die Entfaltung des israelitisch-jüdischen Monotheismus hingewiesen.[115]

„Die Figur des Mose und die alttestamentliche Moseüberlieferung tragen – entgegen ihrer zweifellos überragenden wirkungs- und erinnerungsgeschichtlichen Bedeutung im Judentum, Christentum und (etwas eingeschränkt) im Islam – angesichts ihrer relativ späten literarischen Entstehung sowie ihrer vielfachen theologischen Überformung für die *religionsgeschichtliche* Rekonstruktion der Anfänge des israelitisch-jüdischen Monotheismus und für die innerbiblische *theologische* Entfaltung des Glaubens an den einen Gott eher wenig aus. […]

---

[113] Beispielhaft sei der heute in der Dominikanerkirche St. Andreas in Köln aufbewahrte sog. Machabäer-Schrein genannt. Er stammt aus der Kirche des Machabäer-Klosters in Köln, eines 1803 aufgehobenen Benediktinerinnen-Klosters. Der Schrein wurde im 16. Jahrhundert geschaffen, um die Reliquien der Makkabäer-Brüder aufzubewahren, die Erzbischof Rainald von Dassel der Legende nach zusammen mit den Reliquien der Heiligen Drei Könige nach Köln habe überführen lassen. Auf dem Schrein sind parallel zur Darstellung von Szenen der Passionsgeschichte Jesu und alttestamentlichen Märtyrergeschichten die Leiden und Folterqualen der Makkabäer-Brüder illustriert (Der Machabäer-Schrein o. J.).

[114] Vgl. dazu Althoff 2013, S. 34, 72 und 169.

[115] Vgl. Witte 2014, S. 80–92.

Für die *theologische* Ausgestaltung des Jahwe-Monotheismus kommt den alttestamentlichen Weisheitsschriften eine besondere Bedeutung zu. [...] Mittels ihrer monotheistisch begründeten Ethik relativieren die Weisheitsschriften Thesen wie die von einem dem Monotheismus inhärenten Gewaltpotential."[116]

Nach Wittes Darstellung kommen die Erläuterungen der Einzigkeit Gottes im weisheitlichen Schrifttum der Bibel sehr wohl ohne den von Assmann diagnostizierten „semantischen Vernichtungskrieg"[117] aus. Darüber hinaus spielen selbst da, wo die Sinai-Perikope rezipiert wird, die im deuteronomistischen Geschichtswerk bei Bundesbruch angedrohten Gewaltmaßnahmen keine Rolle.[118]

Assmann geht zwar ausdrücklich von dem „komplexen, vielstimmigen Kanon der biblischen Schriften" aus.[119] Dann wird aber sogleich betont, dass „der Monotheismus der Treue die stärkste, die Oberstimme bildet".[120] Entsprechend rücken auch die Texte, in denen die drastischen Gewaltmaßnahmen im Falle des Treuebruchs entfaltet werden, ins Zentrum. Angesichts der quantitativen Fülle und der inhaltlichen wie gattungsmäßigen Disparatheit der heiligen Texte, die in der hebräischen Bibel bzw. im Alten Testament gesammelt und gewichtet worden sind, muss man die von Assmann ausführlich zitierten Spitzenaussagen relativieren. Dem Monotheismus der Treue mag eine wichtige Rolle zukommen, aber schon eine solche Aussage ist kein historiographisches Urteil im strengen Sinn mehr, sondern zugleich ein normativ-theologisches. Denn das Urteil hängt davon ab, ob man der Ausgangs-

[116] AaO., S. 109f.

[117] Siehe oben S. 111 mit Anm. 63 und S. 120 mit Anm. 89.

[118] Vgl. WITTE 2014, S. 101f. (mit Bezug auf Sir 24; 17,11; 54,5).

[119] ASSMANN ³2018, S. 70.

[120] Ebd.

formation höhere Normativität zuspricht oder gerade den späteren, überarbeiteten Teilen des Kanons, die das Gewicht verschieben. Ganz abgesehen davon ist die hebräische Bibel über weite Strecken der Christentumsgeschichte als Altes Testament und damit im Kontext und geleitet durch das Neue Testament gelesen worden. Ein verlässlicheres, weniger durch normativ-theologische Grundentscheidungen beeinflusstes Urteil ermöglicht allein die Untersuchung der Wirkungsgeschichte. Die Rezeption der entsprechenden Bibeltexte ist im Rahmen der gesamten Wirkungsgeschichte der kanonischen Texte zu gewichten.

Schließlich ist ein Sachverhalt der nachexilischen israelitisch-jüdischen Religionsgeschichte zu beachten, den Assmann mit starken Worten als „etwas absolut Einzigartiges" herausgestellt hat, um die Negativwirkungen der mosaischen Texte zu unterstreichen.

> „Das neue in dieser Phase des II. Tempels ist die Schrift, die nun in den Rang einer Kodifizierung des göttlichen Willens von höchster, absoluter Autorität aufgerückt ist. Das ist etwas absolut Einzigartiges. Keine andere Religion der damaligen Zeit kennt einen Kanon heiliger Schriften, die unbedingte Befolgung, d.h. Umsetzung in Lebenswirklichkeit verlangen."[121]

Bemerkenswert ist, dass sich hier in einem langwierigen Prozess ein normatives Corpus autoritativer, sich zum Teil auch widersprechender Schriften herausgebildet

---

[121] Assmann 2014c, S. 262. Markus Witte hat den Zusammenhang der Kritik an Kultbildern mit der Aufwertung der Tora herausgestellt. Die Herausbildung eines schriftbezogenen Kultes mit beißendem Spott an anderen Götterbildern habe in hellenistisch-römischer Zeit „einerseits Befremden bei den zeitgenössischen Kulten aus[gelöst], andererseits stieß es in paganen philosophischen Kreisen auch auf gewisse Sympathie" (Witte 2014, S. 91).

hat. Charakteristisch für Israel ist nicht die normative, mit göttlicher Autorität versehene Forderung der Befolgung von Gesetzen, sondern der Umfang und die auffällige Vielfalt an Inhalten und Textgattungen, die den Kanon ausmachen. Das legt eine gewisse Offenheit und auch Vielfalt in der Nutzung der Texte in der Wirkungsgeschichte nahe.

3.6 Verzerrte Wirkungsgeschichte I: antike und mittelalterliche Christenheit

Es ist nicht zu leugnen, dass die Texte, in denen die drastischen Gewaltmaßnahmen angesichts von Bundesbruch und Ungehorsam entfaltet werden, zur Legitimation von Gewalt und Grausamkeit verwendet werden konnten und auch verwendet worden sind. Assmann suggeriert mit Blick auf die Legitimation des Blutbades, das die Kreuzritter 1099 bei der Eroberung Jerusalems anrichteten, eine Verantwortung des „Monotheismus" bzw. des „mosaischen Narrativ[s]".

> „Die Frage lautet nicht ‚hat der Monotheismus' die Welt grausamer gemacht?', sondern: ‚hat der Monotheismus bzw. ‚das mosaische Narrativ' neue Argumente geliefert, Gewalt und Grausamkeit zu legitimieren?'. Das lässt sich wohl in der Tat schwer bestreiten."[122]

Präziser sollte man von spezifischen Vorstellungen innerhalb bzw. am Rand der monotheistischen Tradition oder des „mosaischen Narrativs" sprechen. Auf den Unterschied kommt es an.

---

[122] Assmann 2014c, S. 256.

Es ist, wie Gerd Althoff gezeigt hat, richtig, dass die Päpste des 11. und 12. Jahrhunderts bei ihrem Versuch, sich von der Vorherrschaft der Kaiser zu emanzipieren, in vielfältiger Weise auf Texte aus dem Alten Testament Bezug genommen haben.[123] Im Umkreis Papst Gregors VII. wurde eine Doktrin entwickelt, der zufolge der Ungehorsam gegenüber dem Papst mit ebenso drastischen Mitteln wie Häresie und Idolatrie zu bestrafen sei.[124] Die Erzählung vom Ungehorsam Sauls, der nach dem Sieg über die Amalekiter wider Gottes Gebot nicht den Bann an allem Lebendigen vollstreckt und deren König Agag verschont hatte, dient zur Begründung und Illustration (1 Sam 15). Hier wird nicht nur Ungehorsam als Sünde wie Zauberei, Abgötterei und Götzendienst bezeichnet (1 Sam 15,23), sondern der Prophet Samuel holt das vom König Versäumte sogar nach und tötet den Amalekiter-König eigenhändig mit dem Schwert: „Und Samuel hieb den Agag in Stücke vor dem HERRN in Gilgal" (1 Sam 25,33).[125]

Diese und die bekannten Geschichten von der Bestrafung nach dem Tanz um das Goldene Kalb (Ex 32,26–29)[126] sowie Pinhas' tödliche Beendigung des Beischlafs

[123] Vgl. bes. ALTHOFF 2013, S. 43–98; vgl. auch HACKELSPERGER 1934, bes. S. 94–99.

[124] Vgl. ALTHOFF 2013, S. 43–53; HAGENEDER 1978.

[125] Vgl. ALTHOFF 2013, S. 29 (Gregor VII.), S. 46f. (isd.), S. 53 (isd.), S. 62 (Petrus Damiani), S. 95 (Manegold von Lautenbach), S. 97 (isd.), S. 223 und S. 225. Althoff (aaO., S. 52) hebt das Neue dieser Interpretation hervor.

[126] Vgl. aaO., S. 60 (Petrus Damiani), S. 80–82 (Bonizo von Sutri), S. 96 (Manegold von Lautenbach), S. 155 (Decretum Gratiani), S. 157 (id.) und S. 168 (Innozenz III., aber allegorisches Verständnis).

Simris und der midianitischen Frau (Num 25,10–15)[127] machen den Weg frei für die Legitimation von Gewaltanwendung, trotz aller gegenläufiger Texte des Kanons. Solche, vor allem aus dem Neuen Testament genommenen Bibelstellen werden wiederum von den Gegnern des Papstes um den exkommunizierten König Heinrich IV. herangezogen.[128]

Damit ist die unmittelbare Vorgeschichte der Kreuzzugsbewegung skizziert. Papst Urban II., der mit seiner Predigt auf der Synode zu Clermont im Jahr 1095 die Kreuzzügler auf den Weg schickte, kommt – wie Althoff zeigt – aus dem Umkreis Gregors VII. und ist von den Gedanken der Mitstreiter inspiriert gewesen.[129] Die genannten alttestamentlichen Texte kamen insofern auch in den Gewalttaten und insbesondere dem Massaker an Juden und Muslimen bei der Eroberung Jerusalems 1099 zur Wirkung. Man kann das, wie Althoff zu Recht betont, nicht als reine Gewaltmetaphorik relativieren oder gar in den alttestamentlichen Vorbildern lediglich Topoi, die bei der Darstellung der Ereignisse den Narrativ vorgegeben haben, sehen. Vielmehr muss man die impulsgebende, motivierende Bedeutung der Texte für die Kreuzzügler, die sie von ihren Predigern nahegelegt bekamen, ernst nehmen.[130]

Die im Kreis um Gregor VII. unter Rückgriff auf alttestamentliche Texte entwickelten Argumentationen, die Gewaltanwendung gegen Anders- oder Nichtgläubige legitimierten, wurden zudem in erheblichem Maß in die Causa 23 des Decretum Gratiani, der ersten Sammlung

127 Vgl. aaO., S. 58 (Petrus Damiani), S. 60 (isd.), S. 62 (isd.), S. 96f. (Manegold von Lautenbach) und S. 158 (Decretum Gratiani).

128 Vgl. aaO., S. 99–118.

129 Vgl. aaO., S. 122.

130 Vgl. aaO., S. 123–128.

des kanonischen Rechts, aufgenommen.[131] So kam ihnen eine anhaltende Wirkungsgeschichte bei der späteren Ketzerverfolgung und der Ausbildung der Inquisition zu.

Dieser klare Befund ist mit den weitergehenden Thesen Assmanns zu konfrontieren. Sie sind in mehrfacher Hinsicht zu relativieren und zu korrigieren. Die Wirkungsgeschichte gibt keine belastbaren Hinweise auf einen engen oder sogar unlöslichen sachlichen Zusammenhang mit dem als „stärkste", als „Oberstimme des Kanons"[132] bezeichneten Monotheismus der Treue bzw. dem Konzept der deuteronomistischen Bundestheologie. Allein die Vorstellung der Aussonderung kann man als verstärkenden Faktor, der zugleich konstitutiv für den Monotheismus der Treue ist, hinzurechnen. Denn sie hat die Selbstidentifikation der Kreuzzugsfahrer mit dem erwählten Volk Israel gefördert. Hingegen spielt in Urbans II. Kreuzzugspredigten und anderen Texten, die dem Jerusalemer Massaker von 1099 vorausgehen oder es nachträglich deuten, Psalm 79 eine zentrale Rolle.[133] Hier geht es jedoch nicht um einen Verstoß gegen Bundes-

---

[131] Vgl. aaO., S. 147–163; dort, S. 162 f., auch eine synoptische Zusammenstellung von Kirchenväter-Texten, deren Interpretation im Kreis um Gregor VII. sowie der betreffenden Passagen der Causa 23 des Decretum Gratiani.

[132] Assmann [3]2018, S. 70, zit. oben S. 128.

[133] Vgl. Althoff 2013, S. 121, 130, 135, 140f. und 144f. Vgl. aaO., S. 145: „Die Argumentation Urbans II. hat mit ihrem alttestamentlich fundierten Insistieren auf der Verunreinigung der heiligen Stätten in Jerusalem durch die Ungläubigen, die Rache und Sühne erfordere, offensichtlich einen Nerv der Zeit getroffen, immense Anstrengungen ausgelöst, aber auch letztendlich ein Massaker bewirkt, das noch heute erschreckt. Dieser Zusammenhang zwischen der Predigt Urbans II. und dem Massaker von Jerusalem wird durch die Erwähnung des Psalms 79 bei Predigt und Massaker hergestellt oder zumindest sehr nahegelegt."

gebote, sondern primär um die Entweihung heiliger Stätten und die „Vergeltung für das Blut deiner Knechte, das vergossen ist“ (Ps 79,10).

Im Widerspruch zu Assmanns Deutung steht zum anderen die starke gegenteilige Argumentation der Gegner der Päpste auf kaiserlicher Seite, die in ihrem Schrifttum gleichfalls den Anspruch erhoben, dem biblischen Kanon gerecht zu werden. Gegen den päpstlichen Anspruch, im Sinne des Wortes Jesu aus Joh 14,6 für die Wahrheit zu stehen und diese mit allen Mitteln gegen die Leugner zu verteidigen, stellte man das Friedensgebot des Neuen Testaments ins Zentrum. Eine späte Frucht dieser Erörterungen ist die um 1320 entstandene, außerordentlich wirkungsreiche Schrift *Defensor pacis* des Marsilius von Padua.[134]

Zum dritten treten – trotz der Aufnahme einiger Argumente in das Decretum Gratiani – im 13. Jahrhundert Bezugnahmen auf die betreffenden alttestamentlichen Texte im Sinne der Interpretation der gregorianischen Partei deutlich zurück.

Schließlich ist aber vor allem hervorzuheben, dass es 1000 Jahre Christentumsgeschichte bedurfte, bis diese Interpretation mosaischer Texte angesichts spezifischer Herausforderungen entfaltet wurde und Gewicht gewann. Wenn die Zusammenhänge so eng wie von Assmann beschrieben wären, hätte die entsprechende Wirkungsgeschichte nicht erst nach einem Jahrtausend begonnen. Das Fehlen einer der gregorianischen Nutzung der Texte nahekommenden Auslegung bei den Rabbinen ist im gleichen Sinn zu bewerten.[135]

---

[134] Vgl. Marsilius von Padua 2017; vgl. auch Bielefeldt 1987.

[135] Vgl. Pally 2014, S. 243–245; Brumlik 2014, S. 211–213.

Die behandelten Fragen nach der Verwendung von Gewaltmitteln zur Bekämpfung von Gegnern, Abweichlern und Irrlehrern sind schon früh diskutiert worden. Jedoch wurden diese, selbst als mit Kaiser Konstantin d. Gr. im 4. Jahrhundert den Christen die staatlichen Machtmittel zur Verfügung standen, nicht im Sinne der beschriebenen Ausmerzungen verwendet.[136] Es gab insbesondere aufgrund der neutestamentlichen Texte, die einen Gewaltverzicht forderten, stärkste Reserven, etwa in den kontroversen Debatten Ambrosius' und Augustins mit Libanius, Bischof Vinzentius und anderen an der Wende zum 5. Jahrhundert.[137] Selbst da, wo sich der Standpunkt einer Befürwortung der Anwendung von Gewalt gegen Irrlehrer oder Schismatiker durchsetzte, sollte diese strikt begrenzt bleiben. Das bekannteste und wirkmächtigste Beispiel sind die Lehren, die Augustin in seiner Auseinandersetzung mit den Donatisten in Nordafrika entfaltet hat. Aus Jesu Wort im Gleichnis vom großen Abendmahl „Nötige sie hereinzukommen" (Luk 14,23) folgerte er die Legitimation staatlicher Zwangsmittel gegen die Donatisten, nachdem alle Bemühungen, durch Disputationen die Einheit der Kirche wiederzugewinnen, gescheitert waren.[138] So folgenreich Augustins Auslegung

[136] Martin Wallraff hat Konstantins „unorthodoxe Religionspolitik" wie folgt zusammengefasst: „Um es kurz und mit einem Wort zu sagen: Konstantins Intention war auf Integration gerichtet" (Wallraff 2013, S. 178). Dazu gehörte auch die Gewährung einer gewissen „Religionsfreiheit", „damit alles, was an Gottheit auf himmlischem Sitze thront, uns und allen, die unter unserer Herrschaft stehen, gnädig und gewogen sein möge" (ebd., mit Zitat aus: Lactanz, mort. pers. 48,2).

[137] Vgl. zusammenfassend Berner 2020, S. 235–239 und 245–254.

[138] Zum historischen Kontext vgl. Bright 2007, S. 175–178; Schindler 1980.

war, bis hin zur Einführung der Inquisition, so unmissverständlich hat Augustin jedoch die Anwendung der Todesstrafe in diesem Zusammenhang abgelehnt.[139]

Zudem wird gerade am Werk des wichtigsten Kirchenlehrers der westlichen Christenheit die Pluralität des Kanons, der auch die Wirkungsgeschichte prägt, greifbar. Augustin hat – ebenfalls in der Auseinandersetzung mit den Donatisten – Jesu Gleichnis vom Unkraut unter dem Weizen (Mt 13,24–30) im Sinne einer gewissen Toleranz ausgelegt. Erst am Ende der Zeiten sei zwischen den wahren Christen und anderen zu scheiden, keinesfalls aber in der Gegenwart, um nicht mit dem Unkraut auch den Weizen auszureißen. Auch diese Auslegung ist in den folgenden Jahrhunderten außerordentlich wirkmächtig geworden. Bernhard von Clairvaux' Befürwortung der Kreuzzüge erfuhr selbst innerhalb des eigenen Ordens heftigen Widerspruch durch den Zisterzienserabt Petrus Stella.[140]

Arnold Angenendt hat auf einen Zusammenhang solcher Kontroversen mit der von Assmann beschriebenen Entstehung des Monotheismus hingewiesen. Gemäß dessen psychohistorischer Rekonstruktion war mit ihm eine Vergeistigung des Gottesbildes sowie die Verinnerlichung und Ethisierung der Religion verbunden.[141] Assmann spricht

---

[139] Vgl. Shaw 2011.

[140] Vgl. Berner 2020, S. 259f.

[141] Vgl. Assmann 2003, S. 76 und 155f.; Angenendt 2015, S. 124–132. Schon Karl Jaspers hatte nach dem Zweiten Weltkrieg in Heidelberg eine Vorlesung gehalten, in der er von einer „Ethisierung der Religion" und einer „Vergeistigung" in der Achsenzeit im ersten vorchristlichen Jahrtausend sprach. „Die Gottheit wurde gesteigert durch Ethisierung der Religion […]. Diese gesamte Veränderung kann man *Vergeistigung* nennen" (Jaspers 2017, S. 18f.).

von „Durchbruch zur Transzendenz" und von Herausbildung des „inneren Menschen". „Die neue Subjektivität findet ihren reinsten und stärksten Ausdruck im Gefühl der Reue."[142] Der Reue verwandt sei die Konversion mit allen Folgen an Abgrenzung und Intoleranz. Angenendt hält dem zu Recht entgegen, dass in der verstärkten Vergeistigung und Verinnerlichung auch eine Anlage zur Toleranz liege. Denn der Einsatz von per se auf das Äußere bezogenen Gewaltmitteln für die Durchsetzung von Glaubensvorgaben ist damit grundsätzlich in Frage gestellt. Der Niederschlag entsprechender Argumente findet sich im ersten Jahrtausend der Christentumsgeschichte in reichem Maß.[143] Auch wenn die Christen bald gegen ihre eigenen Grundsätze des Verzichts auf Gewaltmittel in Glaubenssachen verstoßen haben, dauerte es sehr lange, bis es zu den umfangreichen blutigen Ketzerverfolgungen des Mittelalters kam.[144] Im ersten Jahrtausend der west-

---

[142] ASSMANN ³2018, S. 75.

[143] Vgl. FORST 2003, S. 61–65; SCHREINER 1990, S. 447, 450–456 und 462–466.

[144] Auch im Blick auf das Mittelalter hat Dorothea Weltecke zu Recht Differenzierungen eingefordert. „Die mittelalterlichen Religionen vertraten nicht nur absolute Wahrheitsansprüche. Sie unterschieden ferner nicht nur zwischen ‚Gläubigen' und ‚Ungläubigen'. Sie haben auch nicht alle und ständig Gewalt gegen interne Abweichler ausgeübt. Weitergehend lässt sich sagen, dass die monotheistischen Religionen nicht notwendig intolerant sind. Wir müssen das Verhalten ihrer Anhänger offenbar als so widersprüchlich hinnehmen, wie sie sich zeigen. Sowohl religiöse Eliten, weltliche Herrschaften, als auch die Bevölkerungsgruppen wiesen dieses unterschiedliche Verhalten und die verschiedenen Positionen auf. Historisch gesehen haben die Religionen im Mittelalter normativ und praktisch sehr vielfältig schattierte Beziehungen untereinander entwickelt, die sich mit einfachen Gegensatzpaaren nicht beschreiben lassen. Die tatsächlichen Lektüren der Offenbarungs-

lichen Christenheit ist nur ein einziger Ketzerprozess, der mit einer Hinrichtung endete, belegt, der gegen Priscillian zu Trier im Jahr 385. Der Protest des damaligen Papstes Siricius sowie der beiden herausragenden Theologen der Zeit, Ambrosius von Mailand und Martin von Tours, ist gleichfalls belegt.[145]

3.7 Verzerrte Wirkungsgeschichte II: Frühe Neuzeit – Konquistadoren, lutherische Orthodoxie und Puritaner

Der Anspruch der Analyse Assmanns ist, bis in die Gegenwart wirkende kulturelle Semantiken aufzudecken und sie dadurch ihrer möglichen gefährlichen Wirkungen zu berauben. Ein grundsätzliches methodisches Problem besteht darin, dass die Wirkungsgeschichte von ihm selektiv und einseitig einbezogen wird. Die Folge sind erhebliche Fehleinschätzungen. Besonders deutlich zeigt sich das in der Darstellung der Frühen Neuzeit. In dem Buch *Totale Religion*, aber auch in anderen Publikationen, bieten die Puritaner das wichtigste Exempel für die inkriminierten Phänomene der Sprache der Gewalt. Ebenfalls müssen die spanischen Konquistadoren als Beleg dienen.

---

dokumente, ihre Kommentartraditionen und der Diskurs der religiösen Vielfalt dieser Jahrhunderte muss für die Theoriebildung über monotheistische Religionen einbezogen werden" (Weltecke 2014, S. 319).

[145] Vgl. Angenendt 2015, S. 131.

3.7.1 Konquistadoren

Der Antikanaanismus des Propheten Hosea und der Deuteronomisten setzt sich nach Assmanns Deutung nicht nur im Antijudaismus des Neuen Testaments fort, sondern auch

> „in der Haltung anderer, sich mit dem Exodus identifizierender, kolonialistischer Bewegungen, die sich immer wieder auf die entsprechenden alttestamentlichen Texte berufen (haben), um ihre Gewalttaten zu legitimieren wie die Spanier in Mittel- und Südamerika, die puritanischen Einwanderer in den USA, die Buren in Südafrika und die israelische Siedlerpartei gegenüber indigenen Bevölkerungsgruppen. König [sic!] Karl V. ließ sich allabendlich Dtn Kapitel 20 vorlesen, wo vorgeschrieben wird, wie man mit den Städten der Kanaanäer zu verfahren hat, ‚zur Beruhigung des königlichen Gewissens' wegen der Vorgänge in Amerika."[146]

Wolfgang Reinhard, auf den Assmann sich hier beruft, hatte noch deutlich zurückhaltender formuliert: „Das berüchtigte *Requerimiento*, die Proklamation, die von den Conquistadoren *zur Beruhigung des königlichen Gewissens* zu verlesen war, orientierte sich an Deuteronomium 20,10–14."[147] Davon, dass Kaiser Karl V. sich den Bibeltext allabendlich zur Beruhigung vorlesen ließ, ist bei Reinhard nicht die Rede. Vielmehr handelte es sich bei dem besagten Requerimiento um eine Proklamation, die 1513 im Auftrag König Ferdinands II. von Aragon verfasst wurde und bei Eroberungen der indigenen Bevölkerung vorzulesen war. In Anlehnung an Dtn 20 wurde unter Androhung massiver Gewalt dazu aufgefordert, „die hei-

---

[146] Assmann ³2018, S. 55; mit Verweis auf: Reinhard 2007; vgl. auch Reinhard 2016, S. 311–314.

[147] Reinhard 2007, S. 18.

lige Kirche als Herrin und Gebieterin der ganzen Welt anzuerkennen und dem spanischen König als eurem neuen Herrn zu huldigen".[148] Wenn die Ureinwohner sich unterwarfen, wurde ihnen ihr Eigentum und Landbesitz garantiert, wenn nicht, wurden sie zu Feinden Gottes erklärt und zur gewaltsamen Besitznahme und Versklavung freigegeben.

Es ist unbestritten, dass sich all die genannten Gruppen – in unterschiedlicher Intensität – auf die entsprechenden alttestamentlichen Texte berufen haben. Welche Funktion die Bezüge hatten, ob eine nur am Rande legitimierende oder wirklich impulsgebend-motivierende, ist genauer zu klären. Assmanns Ausschmückung der Bezugnahmen im Rahmen der spanischen Eroberungspolitik verstärkt die Nähe zu alttestamentlichen Vorlagen aber in suggestiver Weise.

Notwendig ist hingegen eine sorgfältige Analyse, welche Gruppen in welchen Situationen mit welcher Wirkung sich auf die entsprechenden Texte berufen haben. So hat Ferdinand E. Deist die Attraktivität des alttestamentlichen Erwählungsdenkens und des deuteronomistischen Vermischungsverbots bei den Buren in deren spezifischem Kontext erläutert.[149] Nach der Niederlage im zweiten Krieg gegen die Engländer 1899–1902 und deren vernichtenden Folgen fanden die exilierten Buren Deutung ihres Schicksals in den alttestamentlichen Texten. Schon im 19. Jahrhundert hatten sie bei ihrem Aus-

[148] Schon der Verfasser dieses Textes, der spanische Juraprofessor und Kronjurist Juan López de Palacios Rubios, war überzeugt, dass die Verlesung lediglich das Gewissen der Christenheit beruhigen sollte, da sie ja in der den Indigenen nicht verständlichen spanischen Sprache erfolgte.

[149] Vgl. Deist 1994.

zug aus der Kapkolonie das Selbstverständnis als Gottes erwähltes Volk, das der britischen Unterdrückung in ein gelobtes Land (Oranje-Freistaat und Transvaal) entfliehen konnte, gefunden.[150] In den Jahrzehnten nach dem verlorenen Krieg und der Exilierung gewann man mit Hilfe der Auslegungen der niederländischen reformierten Theologie Deutung und Stabilisierung in den Texten des Deuteronomiums. Noch wichtiger wurden diese, als sich die arbeitssuchenden Buren in Vorstädten in der Konkurrenz zu der wachsenden Mehrheit der Schwarzen wiederfanden. Das führte bis hin zur Begründung der Apartheid mit einer in einzelnen Bibelstellen vermeintlich vorgesehenen göttlichen Ordnung.[151] Aber auch hier ist zu beachten, dass der Weg zu einer biblisch-theologischen Begründung gewalttätiger Massaker noch sehr weit war.

3.7.2 Martin Luther und der lutherische Protestantismus

Assmanns Interesse, die Ursprünge und Formen puritanischer Verschärfung in Gestalt einer totalen Religion möglichst plastisch herauszuarbeiten, führt ferner zu einem verzerrten Bild des Protestantismus. Der einzige lutherische Theologe, der in dem Werk *Totale Religion* als solcher erkennbar wird, steht für eine sehr spezifische Form der späten lutherischen Orthodoxie: der Hamburger Hauptpastor Johann Melchior Goeze (1717–1750).

[150] Vgl. aaO., S. 16f.

[151] Deist (aaO., S. 22f.) verweist z.B. auf Dtn 32,8 („Als der Höchste den Völkern Land zuteilte und der Menschen Kinder voneinander schied, da setzte er die Grenzen der Völker nach der Zahl der Söhne Israels"). Vgl. auch aaO., S. 25f., mit Verweis auf Dtn 7,1–6 (Vermischungsverbot).

Er hatte sich im sog. Fragmentenstreit als unerbittlicher Gegner der Aufklärung und jeder Art von historisch-kritischer Schriftauslegung hervorgetan.[152] Dass dessen von Assmann hochgeschätzter Gegner Gotthold Ephraim Lessing (1729–1781) durch Elternhaus und Theologiestudium zutiefst von lutherischer Frömmigkeit und Theologie geprägt gewesen ist, wird mit keiner Silbe erwähnt.[153]

Nimmt man Martin Luther und nicht nur die späte lutherische Orthodoxie oder den Puritanismus in den Blick, ergibt sich ein deutlich differenzierteres Bild des Zusammenhangs von Monotheismus der Treue und Sprache der Gewalt, als Assmann es zeichnet. Luthers zentrales Anliegen war bekanntlich die Wiederentdeckung der Glaubensgerechtigkeit als des Inhalts der biblischen Botschaft schlechthin. Im Zuge seines Kampfes gegen das Werkgerechtigkeitsdenken hat er ausdrücklich den Abrahamsbund gegenüber dem Mosebund in den Vordergrund gestellt. Denn der Abrahamsbund besteht nach Gen 17 in dem Geschehen, dass Abraham wider alle Wahrscheinlichkeit der Lebenserfahrung der göttlichen Segens- und Vermehrungsverheißung glaubt. Das ist für Luther das Zentrum der christlichen Botschaft und nicht der zeitlich und sachlich nachfolgende Mosebund, der die Erfüllung der Mose übergebenen Gesetze zum Inhalt hat. Das bedeutet per se eine klare Relativierung der Geschichten von mangelnder Gesetzeserfüllung, Bundesbruch und grausamer Bestrafung.

Zumindest in den Anfängen hatte Luthers Konzentration der Botschaft auf die Rechtfertigung allein aus

---

[152] Vgl. Reinitzer/Sparn (Hg.) 1989; Wieckenberg 2007.

[153] Vgl. von Loewenich 1960; Schilson 1980; Leppin 1999; Beutel 1980, S. 317–322.

Glauben eine klare Unterscheidung des geistlichen Charakters kirchlichen Handelns von dem mit Gewaltmitteln verbundenen staatlichen Handeln zur Folge. Die Anwendung von Gewaltmitteln zur Bekämpfung von Irrlehre und Abweichlertum in Glaubenssachen war damit ausgeschlossen, wie Luther in seiner Schrift *Von weltlicher Obrigkeit wie weit man ihr Gehorsam schuldig sei* aus dem Jahre 1523 in aller Klarheit formuliert.

„Ketzerey ist eyn geystlich ding, das kan man mitt keynem eyßen hawen, mitt keynem fewr verbrennen, mitt keynem wasser ertrencken. Es ist aber alleyn das Gottis wortt da, das thutts, […].“[154]

Evangeliumsverkündigung und damit verbunden Erleuchtung des Herzens durch den göttlichen Geist sind die allein angemessenen Mittel, um zu einer Überwindung falscher Lehre zu gelangen.

„Datzu ist keyn groesser stercke des glawbens unnd der ketzerey, denn wo man on Gottis wortt mitt blosser gewallt da widder handellt. Denn mann hellts dafur gewißlich, das solche gewallt nicht rechte sach hatt unnd widder recht handele, weyl sie on Gottis wortt feret unnd sich sonst nicht denn mitt blosser gewallt tzů behelffenn weyß, wie die unvernunfftigen thiere thun. Denn mann auch ynn welltlichen sachen nicht kan mitt gewallt faren, es sey denn das unrecht zuvor mitt recht ubirwundenn. Wie viel unmueglicher ists, ynn dießen hohen geystlichen sachenn mitt gewallt on recht unnd Gottis wortt handelln? Darumb sihe, wie feyne klůge junckern myr das sind. Sie wollen ketzerey vertreyben unnd greyffen nicht an denn da mit sie den widderpartt nur stercken, sich selb verdechtig unnd yhene rechtfertig machenn. Lieber, willtu ketzerey vertreyben, ßo mustu den griff treffen, das du sie fur allen dingen auß dem hertzen reyssest unnd grundtlich mit willen abwendest. Das wirst du mitt gewallt

[154] Luther, Von weltlicher Obrigkeit, 1523, WA 11, S. 268, Zl. 27–29.

nicht enden, ßondern nur stercken. Was hilfft dichs denn, ßo du ketzerey ynn dem hertzen sterckest und nur außwendig auff der zungen schwechist und zů liegen dringest? Gottis wortt aber das erleucht die hertzen, unnd damit fallen denn von yhn selb alle ketzerey und yrthum auß dem hertzen."[155]

Luther hat bereits in den 1520er Jahren in Spannung zu seinem ursprünglichen Ansatz wieder staatliche Gewaltmaßnahmen gegen Abweichler befürwortet.[156] Angesichts der Bauernaufstände, an deren Eskalation nach Luthers Auffassung Thomas Müntzers „schwärmerische" Lehren einen maßgeblichen Anteil hatten, betonte Luther die Verantwortung der weltlichen Obrigkeit, gegen die öffentliche Predigt falscher Lehre vorzugehen. Dies richtete sich zuerst gegen verschiedene Gruppierungen des sog. linken Flügels der Reformation und am Ende seines Lebens besonders gegen das Judentum. Luthers Auffassung von der Notwendigkeit des Vorgehens gegen Ketzer auch mit den Gewaltmitteln des Staates zielt zuerst darauf, der Gefährdung der öffentlichen Ordnung zu begegnen. So sei gegen Ketzer, die hartnäckig und aufrührerisch lehren, unnachsichtig vorzugehen, nicht aber gegen diejenigen, die aus Unverstand geirrt haben.

Repräsentativ für die Wittenberger Theologie seit Ende der 1520er Jahre insgesamt ist das von Luther, Johannes Bugenhagen, Caspar Cruciger und Philipp Melanchthon unterzeichnete Gutachten *Daß weltliche Oberkeit den*

---

155 AaO., WA 11, S. 268, Zl. 33–S. 269, Zl. 15.

156 In einer Predigt aus dem Jahr 1544 verbindet er die Auslegung des Gleichnisses vom Unkraut unter dem Weizen mit der Aufforderung an die weltliche Obrigkeit, „das si schwert und alle gwalt dahyn wende, auff das die lehr rein und der gottes dienst lauter und ungefelschet erhalten werd" (LUTHER, Hauspostille, 1544, WA 52, S. 135, Zl. 25).

Wiedertäufern mit leiblicher Strafe zu wehren schuldig sei, Etlicher Bedenken zu Wittenberg aus dem Jahr 1536.[157] Zuerst wird betont, dass es nur notwendig ist, diejenigen, die „halstarrig [sic!] sind, und nicht da von abstehen wollen", zu bestrafen.[158] Sodann gehe es darum, „auffrhur und zerstoerung des leiblichen Regiments zu wehren und auffrhuerissche mit dem schwert zu straffen".[159] Das Gutachten begründet das mit den Lehren der „Wiedertäufer", die die Mitwirkung am weltlichen Regiment als unbiblisch ablehnen. Darauf folgt – unter Verweis auf das Münsteraner Täuferreich von 1534/35[160] – die Auseinandersetzung mit geistlichen Lehren, die als „offentliche Gottes lesterung, blasphemias und periuria" qualifiziert werden und entsprechend zu bestrafen seien.[161] Für die Härte der notwendigen Bestrafung findet man eine Vorgabe in der Torah: „Da zu dienet auch der text Levit. 24: ‚Wer Gott lestert, der sol getoedtet werden'."[162] Einschränkend wird hinzugefügt, dass man sich genau unterrichten lassen solle, damit man „gewis sey und niemand unrecht thue".[163] Abschließend wird noch einmal der Ordnungsaspekt ins Zentrum gerückt. Der von Assmann betonte Zusammenhang von Monotheismus der Treue und Sprache der Gewalt ist hier weder historisch-genetisch noch theologisch in relevanter Weise nachweisbar.

---

[157] WA 50, S. (6) 9–15; wiederabgedr. in: Hoffmann (Hg.) 1979, S. 38–40; aaO., S. 27–38, weitere Texte Luthers und aaO., S. 41–48, Texte Melanchthons zum Thema.

[158] Luther et al., Daß weltliche Oberkeit, WA 50, S. 9, Zl. 33f.

[159] AaO., WA 50, S. 10, Zl. 1–3.

[160] Vgl. aaO., WA 50, S. 11, Zl. 22; WA 50, S. 14, Zl. 15f.

[161] AaO., WA 50, S. 11, Zl. 31.

[162] AaO., WA 50, S. 12, Zl. 6f.

[163] AaO., WA 50, S. 12, Zl. 9.

Bezeichnend ist, dass Luther bereits in den frühen Jahren, während er zeitgleich die skizzierte Überzeugung von der Bekämpfung der Ketzerei sine vi sed verbo vertreten hatte, das Deuteronomium ausgelegt hat, ohne daraus gegenteilige Folgerungen zu ziehen.[164] Luther nimmt in den 1523/24 vorgetragenen und Anfang 1525 gedruckten Annotationen zum Deuteronomium sogar ausdrücklich Bezug auf die Tötung der Bundesbrüchigen nach Ex 32. In dem betreffenden Abschnitt Dtn 16,21–17,7 geht es um das Verbot von Götzendienst und die Strafen bei Verstoß bis hin zur Steinigung.[165] Luther betont hier zuerst einmal die im Text formulierte Notwendigkeit, eine Bestrafung nur dann durchzuführen, wenn mehr als ein Zeuge für das Vergehen vorhanden ist.[166] Dann erläutert er den Sachverhalt, warum Mose als Beispiel für das Handeln von Richtern und Amtleuten nicht Totschlag, Ehebruch oder ein anderes Vergehen, sondern den Verstoß gegen die rechte Gottesverehrung gewählt habe. Der Grund sei, dass es hier keinen Spielraum für barmherzige Milde gebe, da Gott selbst und sein Wort betroffen seien. „Nam peccare in cultum Dei est in fidem et verbum peccare."[167] Anders verhalte es sich mit Vergehen im menschlichen Zusammenleben. Hier könne die Liebe alles Mögliche ertragen und aus-

---

[164] Vgl. LUTHER, Vorlesung über das Deuteronomium, 1523/24. Deuteronomion Mosi cum annotationibus, 1525, WA 14, S. (489) 497–744; vgl. WA 59, S. 189–191; zu Luthers Auslegung des Alten Testaments vgl. BORNKAMM 1948; dort, S. 229–234, Übersicht über die ausgelegten Texte.

[165] Vgl. aaO., WA 14, S. 667, Zl. 27–S. 669, Zl. 20.

[166] Vgl. aaO., WA 14, S. 668, Zl. 29–S. 669, Zl. 4.

[167] AaO., WA 14, S. 669, Zl. 7f.

halten.[168] Die Liebe sei schwach und unrein und täglich zu vermehren bzw. zu vervollkommnen. Als Beispiel dafür wäre Mose anzuführen. Er sei einerseits der mildeste Mensch auf Erden gewesen, habe aber dennoch unbarmherzig dreitausend Männer, die ein Kalb angebetet hatten, getötet.[169] Wie auch immer man diese Argumentation bewerten mag, die Erzählung in Ex 32,26–29 wird von Luther gerade nicht zur Begründung einer gegenwärtigen Gewaltanwendung in Sachen des Glaubens herangezogen. Der Text aus dem Deuteronomium wird vielmehr in den Dienst seines Hauptanliegens gestellt, nämlich die unverfälschte Predigt des Wortes Gottes zu erläutern und zu bekräftigen.

Im Rahmen von Reihenpredigten zum Buch Exodus hat Luther am 1. Januar 1527 eine Predigt auch über das 32. Kapitel gehalten, von der eine Nachschrift erhalten ist.[170] Er geht hier auf das Problem ein, dass für den Menschen ja eigentlich ein Tötungsverbot gelte. Es werde aber durch den ausdrücklichen Befehl Gottes aufgehoben.[171] Zudem sieht Luther in erster Linie das Problem der Rottengeister, die mit harter Hand zu führen und nur durch massive Strafandrohung zu re-

---

[168] „Charitas omnia suffert, omnia tolerat, fides nihil suffert et verbum nihil tolerat sed perfecte purum esse debet verbum, sana per totum doctrina semper, ut scopus sit vitae et operum dirigendorum" (aaO., WA 14, S. 669, Zl. 14–17).

[169] „Hinc Moses mitissimus omnium in terra occidit tamen sine misericordia tria milia virorum, qui vitulum adoraverant, Exodi 34. [richtig: Ex 32], quia in verbum, vitae lucem et ducem, peccaverant" (WA 14, S. 669, Zl. 18–20).

[170] Vgl. Luther, Predigt „Die Circumcisionis domini", 1527, WA 16, S. 632–638.

[171] Vgl. WA 16, S. 636, Zl. 2–6.

gieren seien.[172] Der Umgang mit Häretikern oder Abtrünnigen im Glauben wird in der Predigt als besonders gravierender, aber zugleich auch exemplarischer Fall einer Gefährdung der gottgesetzten Ordnung behandelt.

Ein weiterer von Assmann zur Begründung seiner Thesen ausgiebig zitierter Text[173], die Erzählung von Pinhas' tödlicher Beendigung des Beischlafs Simris und der midianitischen Frau (Num 25,10–15), wird auch von Luther mehrfach herangezogen. Im Rahmen der Reihenpredigten über das 3. und 4. Buch Mose hat Luther dem Text am 1. November 1528 eine eigene Predigt gewidmet.[174] Luther sucht die gegenwärtigen Gestalten des in Num 25 behandelten Götzendiensts, für den Israel bestraft wird, herauszuarbeiten. Er findet sie in den verschiedenen Irrlehren, die die Reformation bedrohen, wie insbesondere bei den „Schwärmern" mit dem namentlich genannten Thomas Müntzer, aber auch im Mönchtum, bei den Juden und Türken. Pinhas' Tat steht dann exemplarisch dafür, dass all das nicht straflos bleiben wird, und findet entsprechendes Lob.[175] Die von Assmann in seiner Auslegung des Textes stark betonte „spiegelbildliche Beziehung von Gottes Eifersucht und menschlichem Eifern"[176] spielt in Luthers Predigt keine Rolle. Vielmehr hebt er hervor, dass die Geschichte lehre, dass auch ein hoher Herr wie Nimri der Strafe für seine Ver-

---

[172] Vgl. WA 16, S. 633, Zl. 11 und S. 634, Zl. 1. Luther zitiert das Sprichwort „narren mus man mit kolben lausen" (aaO., WA 16, S. 535, Zl. 6).

[173] Vgl. Assmann ³2018, S. 38f.; siehe dazu oben S. 131f.

[174] Vgl. Luther, Predigt am 1. November 1528, WA 25, S. 501–505.

[175] Vgl. aaO., WA 25, S. 504, Zl. 10–13.

[176] Assmann ³2018, S. 39.

gehen nicht entkommen werde („wenn du zehen fursten werd werst“).[177]

Die zweite Lehre der Pinhas-Erzählung sieht Luther darin, dass diejenigen, die als Richter oder Henker ihre Pflicht täten, dieses ohne schlechtes Gewissen tun könnten.[178] Die Amtleute, die das Schwert führen, sollten nicht denken, dass sie eine Sünde begehen, sondern sie tun „ein gut werck“, wenn sie „der untugend weren“.[179] Sie seien nicht von kirchlicher Warte aus abzuwerten, sondern vielmehr Beschützer des ganzen Volkes.[180] Zwar nimmt Luther auch die Vorstellung auf, dass mit der Handlung Pinhas' der Zorn Gottes gegen das Volk abgewendet und jener zum Retter des Volkes werde. Dies ist für ihn aber gerade nicht der wesentliche Inhalt der Erzählung.

In einer Predigt über Exodus 2 aus dem Jahr 1524 zählt Luther Pinhas' Tat neben Moses Tötung des Ägypters und Elias' Tötung der Baalspriester zu den „sonderliche[n] thaten der grossen Wuenderleute, die aus besonderer eingebung des heiligen Geistes geschehen“.

Sie „sol man nicht nach thun, und wir koennen auch soelchen Exempeln nicht nach folgen. Man mus den Wunderleuten Gottes ire Heroische Wunderthaten alleine lassen und nicht eine folge oder Exempel draus machen, das jederman auch nach thun wolte, sondern man sol soelche thaten bleiben lassen.“[181]

Auch hier zeigt Luther seinen Respekt gegenüber dem Text des Alten Testaments, weist aber eine Vorbildfunk-

---

177 Vgl. LUTHER, Predigt am 1. November 1528, WA 25, S. 504, Zl. 13–33.

178 Vgl. aaO., WA 25, S. 504, Zl. 33–S. 505, Zl. 33.

179 AaO., WA 25, S. 504, Zl. 33–S. 505, Zl. 1.

180 Vgl. aaO., WA 25, S. 505, Zl. 8.

181 LUTHER, Predigt über Ex 2, 1524, WA 16, S. 27, Zl. 8–13.

tion für die Gegenwart klar zurück.[182] Man darf die Bedeutung des Textes nicht essentialistisch überbewerten. Er wird von Luther mit einem geprägten Vorverständnis gelesen und kann so nicht die von Assmann beschriebene Dynamik entfalten. Gleiches gilt im Übrigen auch für das Gleichnis vom Unkraut unter dem Weizen Mt 13,24–30. Luther hat es anfangs im Sinne Augustins als Beleg dafür verstanden, dass Irrlehren nicht mit Gewaltmitteln auszurotten seien. Die verstärkte Wahrnehmung der Bedrohung der weltlichen Ordnung und der Reformation führten dann zu einer Anpassung der Auslegung an die für notwendig erachteten Herausforderungen.[183] Dem Bibeltext kommt hier eine legitimierende, kaum eine motivierende, impulsgebende Funktion zu.[184]

Bei all dem sollte aber selbstverständlich sein, dass sich die Bewertung der Todesstrafe für zahlreiche Vergehen seither fundamental gewandelt hat. Deren Anwendung war in vormodernen Gesellschaften weit verbreitet und hat mit der Rezeption bestimmter Bibeltexte wenig zu tun.

---

[182] In der Predigt über Ex 32 (siehe oben S. 147f.) sucht Luther den Widerspruch der Geschichte zum alttestamentlichen Tötungsverbot mit dem Argument aufzulösen, dass es sich hier um einen ausdrücklichen Befehl Gottes gehandelt habe (vgl. Luther, Predigt „Die Circumcisionis domini", 1527, WA 16, S. 635, Zl. 36f.). Ein anderes Mal erwähnt Luther Pinhas' Tat in einer Glosse zu Psalm 105 (vgl. LUTHER, 1. Psalmenvorlesung, 1513/15, WA 55/I, S. 710).

[183] Zu Luthers Auslegung des Gleichnisses vgl. MÜLHAUPT ²1954, S. 465–484; GENSICHEN 1955, S. 57–64.

[184] Luther hat bei allem Respekt für den Bibeltext durchaus das Anstößige der Tötung im Namen Gottes wahrgenommen, wenn er im Blick auf Ex 32,29 von einem „wunderlichen", „Mirabilis sermo a Mose" spricht (LUTHER, Predigt „Die Circumcisionis domini", 1527, WA 16, S. 635, Zl. 20).

3.7.3 Johannes Calvin, Calvinismus und Puritanismus

Innerhalb des Protestantismus lässt sich eine durchaus unterschiedliche Rezeptionsgeschichte der alttestamentlichen Texte feststellen. Die umfangreichste Aufnahme und am weitesten gehende Aktualisierung erfolgt durch Theologen und Juristen, die dem Calvinismus oder Puritanismus zuzuordnen sind. Hier war der Anspruch, über die *Reformation der Lehre*, die Luther geleistet habe, hinaus auch eine *Reformation des Lebens* voranzutreiben.[185] Die biblischen Texte sollten nicht nur im Sinne einer Wiederherstellung der Evangeliumsverkündigung, sondern auch als Norm für die Lebensgestaltung in Kraft gesetzt werden. Das betraf sowohl das individuelle Leben als auch die Gestalt und Ordnung der Kirche. So gehörte die strikte Orientierung der kirchlichen Ämter an den biblischen Vorgaben, die Entfaltung der Dekaloggebote sowie die Umsetzung der Kirchenzucht als nota ecclesiae, das heißt als notwendiges Kennzeichen der Kirche, von Anfang an zu den Spezifika der reformierten bzw. calvinistischen Konfessionskultur.

Im Einzelnen gibt es erhebliche Unterschiede zwischen Calvin, dem Calvinismus Genfer Prägung und dem niederländisch-englischen Puritanismus. Calvin war anfangs stark von Luther beeinflusst und setzte dann die Vermittlungstheologie des Straßburger Reformators Martin Bucer fort.[186] Erst in den späteren Jahren, in denen er die Einheit und Reinheit der Lehre angesichts der Bedrohung durch Protestantenverfolgungen in seiner Heimat Frankreich zu sichern suchte, begann er sich

---

[185] Vgl. Strohm 2013, S. 394–400.
[186] Vgl. Strohm 2009, S. 46–59.

stärker von Luther abzugrenzen. Im Calvinismus, dessen wichtigster Exponent Calvins langjähriger Nachfolger als Leiter der Genfer Kirche, Theodor Beza, war, setzte sich diese Tendenz fort, wie insbesondere die Auseinandersetzungen um das Verständnis des Abendmahls und der Prädestination zeigten.

Als Puritaner wurden anfangs diejenigen bezeichnet, die die mangelnde Umsetzung der Reformation in der Church of England kritisierten und sie von „papistischem Aberglauben" säubern wollten. Eine historisch präzise Definition des Begriffs Puritanismus sollte diejenigen umfassen, die die Kirche Englands zwischen ca. 1570 und 1640 nach Genfer Vorbild zu reformieren suchten, und diejenigen, „die im 17. Jahrhundert schließlich der Heimat den Rücken kehrten und sich anschickten, ihr ‚heiliges Gemeinwesen' in Neuengland zu errichten".[187] Bei aller Übernahme von Lehrsätzen aus der Theologie Calvins und des Calvinismus kennzeichnen den Puritanismus darüber hinaus eine sehr viel stärkere Erfahrungsbezogenheit und psychologische Durchdringung. Sündenverfallenheit und durch das Wirken des Heiligen Geistes mögliche Wiedergeburt werden im Rahmen detaillierter Abhandlungen über die verschiedenen Aspekte der Bekehrung und umfangreicher Werke zur Gewissensanalyse entfaltet.[188]

So kann man dem Urteil Assmanns, der den Kern des Puritanismus in der „reinen Lehre" des Genfer Reformators Johannes Calvin sieht,[189] nur mit Einschränkungen zustimmen. Es sollten nicht die Unterschiede aus dem

---

[187] So die Definition in: COHEN 2003, S. 1832.

[188] Exemplarisch sind die vielfach in lateinischer, englischer und in anderen Sprachen neu aufgelegten Schriften: PERKINS 1592; AMES 1643.

[189] Vgl. ASSMANN ^{3}2018, S. 17 Anm. 14, zit. oben S. 95.

Blick geraten. Vor allem ist es problematisch, wenn der Protestantismus in der gesamten Darstellung fast nur in Gestalt eines verzerrt dargestellten Puritanismus repräsentiert ist.[190] „Puritanisch" wird zu der entscheidenden Metapher für die Gefahren, die der Monotheismus der Treue mit sich bringt.[191]

Problematisch ist ferner, dass mit der Rede von der „reinen Lehre Calvins" suggeriert wird, der Puritanismus habe dessen Anliegen in besonders reiner und klarer Weise bewahrt. Dagegen ist einzuwenden, dass zumindest die ursprünglichen Anliegen der reformatorischen Theologie Calvins dem klar widersprechen. Calvin hat in der ersten Ausgabe seines Hauptwerks, der *Christianae religionis institutio* von 1536, die Ketzerverfolgung mit Gewaltmitteln abgelehnt. „Auf alle mögliche Weise, sei's durch Ermunterung und Lehre, sei es durch Milde und Leutseligkeit, sei es endlich durch unsere Gebete zu Gott," sei auf Besserung und Bekehrung hinzuwirken, damit eine Wiederaufnahme in die Gemeinschaft der Kirche möglich sei. Calvin fügt hinzu, dass solches Verhalten auch gegenüber Angehörigen einer anderen Religion und den Feinden der wahren Religion zu pflegen sei. „Und nicht bloß solche Unglücklichen sind so zu behandeln, sondern auch die Türken selbst und Sarazenen und die übrigen Feinde der wahren Religion."[192] Eine Bekehrung unter Rückgriff auf Zwang und Gewalt lehnt Calvin hier ausdrücklich ab.

---

[190] Vgl. auch Formulierungen wie die folgende: „aber dann unter Oliver Cromwell auch protestantische Phasen religiöser Gleichschaltung durchgemacht" (aaO., S. 131).

[191] Vgl. bes. den Untertitel des Werkes *Totale Religion*: „Ursprünge und Formen puritanischer Verschärfung".

[192] Calvin, Institutio [1536], OS 1, S. 91; Calvin 1985, S. 108.

„So wenig darf man das Verfahren billigen, welches viele bis jetzt ersonnen haben, um jene zu unserem Glauben gewaltsam zu bekehren, indem sie ihnen nämlich den Gebrauch des Wassers und des Feuers und aller den Menschen gemeinsamen Elemente untersagen. Ist doch ein derartiges Gebaren, die Mitmenschen für vogelfrei zu erklären, sie mit Waffengewalt zu verfolgen, eine Verleugnung aller Pflichten der Menschlichkeit. So lange also uns noch Gottes Urteil ungewiss ist, steht es nicht in unserer Befugnis, ein Einzelurteil über die Zugehörigkeit zur Kirche zu fällen.“[193]

Bezeichnenderweise sind die zuletzt zitierten Sätze, welche eine gewisse Toleranz auch Anhängern einer anderen Religion wie den Muslimen gegenüber andeuten und Gewaltanwendung in Glaubensdingen ablehnen, in den späteren Ausgaben der *Institutio* entfallen. Calvins Wahrnehmung der eminenten Bedrohung der Reformation und sein angestrengtes Ringen um die Einheit und Reinheit der Lehre in Genf haben zu einer problematischen Modifikation der reformatorischen Unterscheidung der Aufgaben und Mittel von geistlichem und weltlichem Regiment geführt. Der Grundsatz, dass im geistlichen Regiment, in dem es nicht um Leibliches, sondern um Seelisches bzw. Geistliches geht, allein mit dem Wort, nicht aber mit Gewaltmitteln zu kämpfen sei, ist schließlich weitgehend aufgegeben. Diese Entwicklung war umso leichter möglich, als der juristisch geschulte Calvin von Anfang an die Verantwortung der weltlichen Obrigkeit, gegen Gotteslästerung und Götzendienst vorzugehen, hervorgehoben hat. So wird bereits in der *Institutio* von 1536 über die Aufgaben der Obrigkeit gesagt:

[193] Ebd.

„Vielmehr sucht sie zu verhüten, dass Idolatrie, Frevel gegen Gottes Namen, Blasphemien und öffentliche Angriffe gegen die rechte Religion hervorbrechen und im Volk Verbreitung finden."[194]

Es sei Aufgabe der weltlichen Obrigkeit, „zu verhindern, dass man ungestraft die in Gottes Gesetz enthaltene wahre Religion vor aller Augen und durch öffentliche Heiligtumsschändungen verletzen und besudeln darf."[195]

Die Verfolgung vermeintlicher Ketzer und Andersgläubiger mit Gewaltmitteln hatte somit in der frühen Theologie Calvins lediglich Ansatzpunkte. Konkret ausgestaltet wird sie in der Auseinandersetzung mit Gegnern, durch die Calvin die Reformation in Genf und seinem Heimatland Frankreich bedroht sah, zuerst mit dem Genfer Mitreformator Sebastian Castellio und dann vor allem mit dem nach Genf geflohenen Trinitätsleugner Michel Servet.[196] Calvin hat seine Beteiligung am Todesurteil gegen Servet im Jahr 1553 gegen die Kritik, die in Basel und an anderen Orten formuliert wurde, verteidigt. In der im Februar 1554 im Druck erschienenen Schrift *Defensio orthodoxae fidei de sacra trinitate* widmet er der Frage „An Christianis iudicibus haereticos punire liceat" einen umfangreichen Gedankengang.[197] Castellio wiederum brachte in Basel noch im gleichen Jahr eine Gegenschrift mit dem Titel *De haereticis an sint persequendi* zum Druck.[198] Diese Schrift bestand zum großen Teil aus Zitaten, die diese Frage verneinten, pikanterweise

---

[194] Calvin, Institutio [1536], OS 1, S. 260; Calvin 1985, S. 386.

[195] Ebd.

[196] Vgl. Strohm 2009, S. 78–79 und 81–89.

[197] Vgl. Calvin, Defensio orthodoxae fidei de sacra trinitate, 1554, CO 8, Sp. 453–644, hier: 461–481.

[198] Dt. Übersetzung in: Stammler (Hg.) 2013, S. 49–207.

nicht nur solchen Luthers, sondern auch Calvins selbst aus früheren Jahren.[199]

Calvin verteidigt die Bekämpfung von Häretikern auch mit Hilfe der Gewaltmittel, die der weltlichen Obrigkeit zur Verfügung stehen. Er kommt zur Schlussfolgerung einer entsprechenden Pflicht der frommen Obrigkeit, obwohl er sich mit den gegenläufigen Bibeltexten wie dem Gleichnis vom Unkraut unter dem Weizen auseinandersetzt.[200] Denn der Staat dürfe nicht zulassen, dass Christus ungestraft verspottet wird, und sei zudem verpflichtet, die Schwachen vor dem Mutwillen der Spötter und Ungläubigen zu schützen, auf dass sie nicht ins Verderben gerissen würden.[201] Selbst die Todesstrafe hält er in extremen Fällen für angebracht.[202]

Zur Begründung führt Calvin im Weiteren einige der von Assmann ins Zentrum seiner Argumentation gestellten Bibelstellen aus dem Alten Testament an. So zitiert er Dtn 13,7–11, wo die Todesstrafe für falsche Propheten und Verführer zum Götzendienst vorgesehen ist.[203] Zwar fügt er gewisse Kautelen hinzu und stellt klar, dass das nicht bedeuten würde, Juden, Türken „und Ähnliche" mit Gewalt zum Glauben zu zwingen.[204] Jedoch bietet das

---

[199] Castellio, Über Ketzer, in: Stammler (Hg.) 2013, S. 73–86 und 140–142. Zitiert werden u.a. die oben erläuterten Zitate Luthers aus der Schrift *Von weltlicher Obrigkeit* von 1523 (siehe oben S. 143f. mit Anm. 154f.) sowie die ebenfalls bereits wiedergegebene Äußerung Calvins in der ersten Ausgabe der *Institutio* von 1536 (siehe oben S. 153 mit Anm. 192).

[200] Vgl. Calvin, Defensio, 1554, CO 8, Sp. 472; vgl. auch aaO., CO 8, Sp. 473 mit Verweis auf Mt 22,51.

[201] Vgl. aaO., CO 8, Sp. 470.

[202] Siehe unten Anm. 207.

[203] Vgl. Calvin, Defensio, 1554, CO 8, Sp. 475.

[204] Vgl. aaO., CO 8, Sp. 475f.

Wort Gottes in Gestalt der Texte aus dem Pentateuch die Maßgabe für den Extremfall.[205] Ein Zitat der folgenden Passage Dtn 13,13–16 dient zur Stützung der Forderung nach einer aktiven Suche entsprechender Verführer und ihrer Elimination.[206] Milde ist gerade nicht angebracht,

> „sondern wo die Religion in ihren Grundfesten erschüttert, verabscheuungswürdige Gotteslästerungen verbreitet werden, die Seelen durch unfromme und verabscheuungswürdige Lehren ins Verderben gerissen werden und wo schließlich sogar der offene Abfall von dem einen Gott und seiner reinen Lehre angestrebt wird, da muss man zu jenem letzten Mittel greifen, damit sich das tödliche Gift nicht weiter ausbreitet. Dieses Gebot, welches Mose aus dem Mund Gottes erhalten und anderen verkündet hat, befolgte er selbst in treuer Weise. […] Wie menschlich auch immer ein Richter sich im Blick auf andere zu bestrafende Verbrechen verhalten mag, im Blick auf die zu schützende Verehrung Gottes hat er, stellt Mose fest, mit allem Eifer und aller Konsequenz vorzugehen."[207]

Dann folgt der ausdrückliche Hinweis auf Ex 32,26–29: „Weiht, sagt er [Mose], eure Hände dem Herrn; niemand

---

[205] „Quin potius occidendo occides eum, et manus tua prima sit ut illum interficiat, deinde manus totius populi: opprimes autem eum lapidibus donec moriatur (Deut. 13,6 seqq.)" (aaO., CO 8, Sp. 475).

[206] Vgl. aaO., CO 8, Sp. 476.

[207] „Sed ubi a suis fundamentis convellitur religio, detestandae in Deum blasphemiae proferuntur, impiis et pestiferis dogmatibus in exitium rapiuntur animae, denique ubi palam defectio ab unico Deo puraque eius doctrina tentatur, ad extremum illud remedium descendere necesse est, ne mortale venenum longius serpat. Hanc regulam, quam ex ore Domini aliis praescripsit Moyses, fideliter ipse sequutus est. […] Iudex etiam quam humaniter in aliis criminibus puniendis se gesserit, constat: in vindicando autem Dei cultu totus ardet" (aaO., CO 8, Sp. 477). Vgl. auch die deutsche Übersetzung nach Guggisberg, in: Stammler (Hg.) 2013, S. 233; Bemerkungen zur unmittelbaren Wirkungsgeschichte der Schrift, aaO., S. 234 f.

verschone seinen Bruder oder Nächsten, auf dass ihr jeden, der euch begegnet, ohne Gnade tötet."[208] Auch das Argument, dass sich mit der Ankunft Christi die Situation geändert habe, lässt er mit Verweis auf die Aufgabenbeschreibung der Obrigkeit in Röm 13,4[209] nicht gelten.

Calvin war weniger als Luther bereit, die Hochschätzung des alttestamentlichen Gesetzes durch den Verweis auf das Evangelium oder die neutestamentlichen Mahnungen zu relativieren. So kann er sich bei seinem Kampf gegen die als Bedrohung wahrgenommenen Irrlehrer recht ungebrochen auf die alttestamentlichen Strafmaßnahmen beziehen. Jedoch ist zu betonen, dass Calvin grundsätzlich nicht nur das alttestamentliche Zeremonialgesetz, sondern auch das Judizialgesetz als für die Christen nicht mehr gültig betrachtet hat. Gleichwohl seien die Regelungen als Vorbild durchaus relevant.[210]

An dieser Stelle zeigen sich die Differenzen zwischen Calvin und dem Calvinismus. Schon Calvins Nachfolger Beza ist hier deutlich weitergegangen. Er war bestrebt, den Unterschied der politischen Gesetze im Alten Testament zu dem grundsätzlich abgetanen Zeremonialgesetz, das heißt den Regelungen für die Ausgestaltung des Kults, aufzuweisen. Das Zeremonialgesetz sei für alle gültig

---

[208] „Consecrate, inquit (Exod. 32,27 [richtig: 32,29]), manus vestras Domino: nemo fratri suo vel propinquo ignoscat: ut quisque obvius fuerit, sine venia occidite" (CALVIN, Defensio, 1554, CO 8, Sp. 477).

[209] „Denn sie ist Gottes Dienerin, dir zugut. Tust du aber Böses, so fürchte dich; denn sie trägt das Schwert nicht umsonst. Sie ist Gottes Dienerin und vollzieht die Strafe an dem, der Böses tut."

[210] Calvin hat in seinen letzten Lebensjahren eine umfassende Kommentierung der fünf Bücher Mose unternommen und 1563, ein Jahr vor seinem Tod, eine Harmonie der mosaischen Gesetze zum Druck gebracht (vgl. dazu PITKIN 2010; TOTZECK 2019, S. 203–206).

gewesen, aber eben zeitlich begrenzt, das Judizialgesetz, das heißt die Regelungen des politischen Gemeinwesens, sei zwar nur für das jüdische Volk, aber prinzipiell zeitlich unbegrenzt gültig.[211] Während das Zeremonialgesetz durch das Evangelium überholt sei, müsse die Gegenwartsrelevanz des Judizialgesetzes nach dem Kriterium der Billigkeit entschieden werden. Diese Begründung einer bleibenden Geltung der mosaischen Gesetze für das politische Gemeinwesen vertraten auch andere Theologen und Juristen im Bereich des frühen Calvinismus.[212]

So ist es konsequent, dass im Bereich des frühen Calvinismus, aber auch weit darüber hinaus eine Vielzahl von Werken zum Druck gelangt, in denen die mosaischen Gesetze für das politische Gemeinwesen systematisch, oft auch in Korrelation mit dem römischen Recht, dargelegt und in ihrer Bedeutung für die Gegenwart erläutert werden.[213] Markus Totzeck hat diese politia-judaica-Literatur umfassend analysiert und ihre Nachwirkungen im 17. Jahrhundert für die politische Kultur am Beginn der Moderne hervorgehoben.[214] Die wichtigen philosophisch-juristischen Konzeptionen des politischen Gemeinwesens am Beginn der Moderne sind ohne sie nicht zu verstehen. Das gilt für Petrus Cunaeus und Hugo Grotius ebenso wie für Thomas Hobbes, James Harrington und am

---

[211] Vgl. Beza 1554, S. 221 f.; Beza 1577; vgl. dazu Strohm 2013, S. 395–397; Totzeck 2019, S. 212–218.

[212] Zu Johannes Althusius, Franciscus Junius und Johann Kahl vgl. Strohm 2013, S. 397 f.

[213] Vgl. exemplarisch Althusius ^{3}1614; zur Frage der bleibenden Geltung des mosaischen Judizialgesetzes vgl. aaO., XXI/29, S. 413 f.; XXII/1–16, S. 424–445, bes. XXII/10, S. 430 (mit zahlreichen Belegen weiterer Autoren).

[214] Vgl. Totzeck 2019, bes. S. 385–437.

Übergang zum 18. Jahrhundert John Toland. Alle diese Autoren haben unter Aufnahme und in kritischer Auseinandersetzung mit mosaischen Texten und der sie auslegenden Literatur ihre Entwürfe entfaltet. Auch Baruch de Spinoza und Christian Thomasius wären in gewisser Hinsicht hier zu nennen.

Der verstärkte Rückgriff auf das Alte Testament bzw. die hebräische Bibel und die rabbinischen Diskussionen über ihre Auslegung im 16. und 17. Jahrhundert lassen sich keineswegs undifferenziert unter dem Stichwort „puritanisch“ subsumieren. Vielmehr kommt ihnen eine durchaus vielfältige und, wie Eric Nelson gezeigt hat, für manche Errungenschaften der politischen Kultur des Westens wichtige Bedeutung zu.[215] Nelson sieht neben anderen Folgen einen ursächlichen Zusammenhang zwischen der Orientierung an dem Gott-gegebenen jüdischen Gemeinwesen und der Entwicklung des Toleranzgedankens.[216] Ausgangspunkt der Argumentation ist Thomas Erastus' Kampf gegen die kirchliche Kompetenz im Blick auf die Exkommunikation im calvinistisch-reformierten Heidelberg. Der Medizinprofessor und Laientheologe habe sich wie später Richard Hooker und andere auf die Politia judaica berufen, in der es keine Exkommunikation durch Geistliche im Sinne der calvinistischen Kirchenzucht gegeben habe. Stattdessen habe die zivile wie die kirchliche Gesetzgebung in der Hand des *einen* weltlichen Magistrats gelegen. Dieser habe sich um des Gemeinwohls willen der Reglementierung von Glaubensüberzeugungen enthalten und stattdessen auf die für die Ordnung relevante öffentliche Religionsausübung

[215] Vgl. Nelson 2010.
[216] Vgl. aaO., S. 88–137.

konzentriert. Entsprechend hätten dann für die Moderne so wichtige Autoren wie Hugo Grotius, Peter Cunaeus, Thomas Coleman, John Lightfoot, John Selden und James Harrington – jeweils mit Bezug auf das Alte Testament und talmudische bzw. rabbinische Texte – argumentiert. Es ist hervorzuheben, dass es am Beginn der Moderne einen umfassenden Rückgriff auf alttestamentliche Gesetzestexte gegeben hat, die sich keineswegs unter der Überschrift „Formen puritanischer Verschärfung" subsumieren lassen.

Selbst unter den puritanischen Autoren im engeren Sinn erfolgt die Aktualisierung des mosaischen Rechts in durchaus unterschiedlicher Weise. John Cook, Chefankläger im Prozess gegen König Karl I., brachte zwei Jahre nach dessen Hinrichtung einen Traktat mit dem Titel *Monarchy, No Creature of Gods Making* zum Druck.[217] Er begründete darin nicht nur die Abschaffung der Monarchie mit biblischen Texten, sondern forderte auch die Aufrichtung des Gesetzes Gottes nach alttestamentlichem Vorbild.[218]

Dies erfolgte im Kontext eines apokalyptischen Weltbilds, das die Sprache der Johannes-Apokalypse aufnimmt („political beast") und das Andreas Pečar als „chiliastische Theokratie" charakterisiert hat.[219] Vorbilder für diese apokalyptisch bzw. chiliastisch ausgerichtete Vorstellung einer jetzt anstehenden Aufrichtung des endzeitlichen Reichs Christi konnte der Jurist Cook bei Thomas Goodwin und weiteren Dissenter-Theologen finden.[220] Andere puritanische Theologen wiederum, die

---

[217] Vgl. Cook 1651.
[218] Vgl. aaO., f. b3r–b4r.
[219] Vgl. Pečar 2013, S. 412–415.
[220] Vgl. Goodwin 1641.

das Gesetz Gottes, wie es im Alten Testament offenbar ist, aufrichten wollten, positionierten sich klar gegen die Hinrichtung des Königs.[221] So gab es unter den Puritanern den Dissens zwischen Presbyterianern und Independents, aber darüber hinausgehend erfolgte auch innerhalb der Independents die Aktualisierung des mosaischen Rechts in sehr unterschiedlicher Weise.

Richard Baxter, seit 1642 für einige Zeit Feldprediger im Parlamentsheer und einer der einflussreichsten puritanischen Prediger und Erbauungsschriftsteller, lässt in seinem Katechismus die Mutter auf die Frage des Kindes nach der Strafe für den Tanz um das goldene Kalb mit einer etwas entschärften Version der Tötung der 3000 Menschen antworten.[222] Das mosaische Gesetz sieht er für die Christen nur insoweit als gültig an, als es mit dem Naturgesetz übereinstimmt. Das sei lediglich im Blick auf den Dekalog gegeben.[223] Bei der Auslegung des Sabbatgebotes formuliert Baxter ausdrücklich das Ende von dessen Geltung aufgrund der Auflösung des jüdischen

---

[221] Vgl. Mayfield 1988.

[222] Vgl. Baxter, The Mother's Catechism, in: Baxter 1838, S. 34–64, hier: 44. Auch die tödliche Beendigung des Beischlafs Simris mit der midianitischen Frau durch Pinhas wird erzählt (vgl. aaO., S. 46).

[223] „The law of Moses to the Jews as such, never bound all other nations, nor now bindeth us, but is dead and done away, […]. But seeing it was God that was the Author of that law, and by it expressly told the Jews what the law of nature is, we are all bound still to take those two tables to be God's own transcript of his law of nature, and so are, by consequence, bound by them still. If God give a law to some one man, as that which belongs to the nature of all men, though it bind us not as a law to that man, it binds as God's exposition of the law of nature when notified to us" (Baxter, A Teacher of Householders, aaO., S. 65–164, hier: 118). Vgl. aaO., S. 141; Mr. Baxter's Sense of the Articles of the Church of England, aaO., S. 1043–1045, hier: 1044.

Gemeinwesens und des Kommens Christi.[224] Er äußert sich auch zu den mitunter drastischen Strafen, die Moses Gesetze vorsehen. „Moses' law had some special severities, and was peculiar to that nation, and is abrogate."[225]

Im Jahr 1659, ein Jahr nach Oliver Cromwells Tod, brachte Baxter eine Schrift mit dem Titel *A Holy Commonwealth* zum Druck, in dem er sein Modell eines idealen, der biblisch-christlichen Lehre entsprechenden Gemeinwesens entfaltete.[226] Bei aller Skepsis gegenüber einer allgemeinen Religionsfreiheit[227] und trotz des Versuchs, eine „Theocracy" zu etablieren,[228] weiß er um die Unmöglichkeit, den Glauben mit Gewaltmitteln zu erzwingen.[229] Er verweist auf die Befugnisse, die der politische Führer Mose und andere in Israel auch in geistlichen Angelegenheiten gehabt haben, und fordert die Bestrafung der Verstöße auch gegen die Gebote der ersten Tafel des Dekalogs.[230] Im Licht des Evangeliums seien die Verstöße nicht weniger gravierend.[231] So listet Baxter die Vergehen und die drastischen Strafen bis hin zur Steinigung auf mehreren Seiten auf, ersetzt diese jedoch

---

[224] Vgl. Baxter, A Teacher of Householders, aaO., S. 129 („dissolving of their republic"); vgl. auch aaO., S. 143.

[225] AaO., S. 134; vgl. aaO., S. 135.

[226] Vgl. Baxter 1659.

[227] Vgl. aaO., f. b6^r und c1^r.

[228] Mit Flavius Josephus entfaltet er sie als Alternative zu Monarchie, Aristokratie und Demokratie bzw. ihren Entartungen nach Aristoteles (vgl. aaO., S. 76–105, 210, 221 und 224). Vgl. auch Saur 2007; Pečar 2013, S. 416f.

[229] Vgl. Baxter 1659, f. b5^v.

[230] „The Decalogue was the Vitall part of the Jews Political Laws, and every Commandement of the first Table was seconded with a Penall Sanction: therefore these things belong to the Magistrate" (aaO., f. b8^r).

[231] Vgl. aaO., S. 175.

durch deutlich mildere Strafen. In der Gegenwart seien als Sanktionen der Verlust des Status eines freien Bürgers oder des Wahlrechts oder auch des Rechts, dem Magistrat anzugehören, vorzusehen.[232] Seiner Auffassung nach sollte schon die Ungleichheit und Disproportionalität der im alttestamentlichen Gesetz vorgesehenen Strafen eigentlich jeden von diesen Folgerungen überzeugen.[233] Bei allem Moralismus oder Biblizismus, den man in den Werken dieses führenden puritanischen Autors diagnostizieren kann, fehlt die von Assmann dem Puritanismus zugeschriebene Sprache der Gewalt.

Schließlich sollte man auch nicht unberücksichtigt lassen, dass in dem Milieu der puritanischen Independents in Neuengland sogar sehr weit gehende Vorstellungen einer individuellen Glaubensfreiheit entstanden sind. Exemplarisch zu nennen ist Roger Williams, der während seines Studiums puritanisches Gedankengut aufnahm und Ende 1630 nach Neuengland auswanderte. In der Schrift *The Bloudy Tenent of Persecution, for Cause of Conscience* von 1644 vertritt er die Auffassung, dass Jesus im

[232] Vgl. aaO., S. 175–179.

[233] „In all these Collections I mention to great an inequality of punishment, that no adversary can modestly quarrel with my consequence. Cutting off, and putting to death is another kind of punishment then [sc. than] deriving men of the liberty of governing or choosing Governours, which addeth to their ease, and diminisheth not their wealth, but is a necessary means to the common peace and welfare. Those that Gods Law put to death, should be no Choosers of Maiors, Bayliffs, Parliament, etc. with us, especially when the sin is greater now. Those that would fetch the form of Government from the Israelites, above all men, can have no reason to contradict any of this. – I conclude therefore, that all that are fit to be subjects, are not fit to be Burgesses, and to govern or choose Governours, though they may keep their possessions, and be secured in them“ (aaO., S. 179).

Unterschied zum mosaischen Gesetz klar zwischen dem geistlichen und weltlichen Bereich unterschieden habe.[234] Den Auffassungen des puritanischen Theologen John Cotton hält er das Modell einer strikten Beschränkung der Kompetenzen der weltlichen Obrigkeit bzw. des Magistrats entgegen. Unter ausdrücklicher Berufung auf Luthers Unterscheidung von geistlichem und weltlichem Regiment heißt es:

„First, that the *government* of the *civill Magistrate* extendeth no further then over the *bodies* and *goods* of their *subjects*, not over their *soules*, and therefore they may not undertake to give *Lawes* unto the *soules* and *consciences* of men."[235]

Dieser Satz findet sich in der Schrift nicht weniger als dreimal fast wortgleich.[236] Deutlich über Luther hinausgehend arbeitet er den pointiert geistlichen Charakter der Botschaft und des Wirkens Jesu heraus.[237] Nie habe Jesus

---

[234] Vgl. WILLIAMS 1644; vgl. auch GAUSTAD 1991; zur Frühgeschichte der Menschenrechtsentwicklung in Nordamerika vgl. WOLGAST 2009, S. 24–34.

[235] WILLIAMS 1644, S. 106.

[236] Vgl. aaO., S. 106 und 13. Auch auf den Reformator Johannes Brenz beruft sich Williams in der Schrift (vgl. aaO., S. 13 und 105). Vgl. auch aaO., S. 122: „The Civill Magistrate confess to have no Civill power over the soules of men."

[237] „An Arme of Flesh, and Sword of Steele cannot reach to cut the darknesse of the Mind, the hardnesse and unbeleefe of the Heart, and kindely operate upon the Soules affections to forsake a long continued Fathers worship, and to imbrace a new, though the best andtruest. This worke performes alone that sword out oft he mouth of Christ, with two edges, Rev. 1 & 3." (aaO., S. 202). „Civill compulsion was proper in the Nationall Church of the Jewes, but most improper in the Christian, which is not National" (ebd.). „The Civill Commonweal and the Spirituall Commonweale the Church, not inconsistent, though independent the one on the other" (aaO., S. 120).

seine Jünger angewiesen, weltliche Instanzen in geistlichen Angelegenheiten zu Hilfe zu rufen.[238] Die Vermischung von Staat und Kirche habe verhängnisvolle Folgen gezeitigt. „The Church and Civill State confusedly made all one."[239]

Der geistliche Charakter auch der Strafen – zum Beispiel im Fall von Blasphemie – im Reich Christi werde verunklart. Das „Spirituall killing by Excommunication in the Gospell" sei von dem „Corporall killing in the Law" zu unterscheiden.[240] Denjenigen, die das mosaische Recht anwenden wollen, wirft Williams vor, Christus zu verlassen und sich zu Mose zu flüchten: „Persecuters leave Christ, and flie to Moses for their practice."[241] Ausgangspunkt der Argumentation ist die Aussage in Hebr 12, dass das zeremonielle Gesetz der „Nationall Church of the Jewes" mit dem Kommen Christi und seinem Reich abgetan sei. Die Steinigung bei Blasphemie-Vergehen nach Dtn 13, die Tötung der 450 Baals-Priester durch Elia nach 1 Kön 18 oder die Vernichtung der beiden Hauptmänner mit ihren 50 Mann nach 2 Kön 1 werden ebenso

---

[238] „Christ never sent any of his Ministers or Servants to the Civill Magistrate for help in spirituall matters" (aaO., S. 133).

[239] AaO., S. 39; vgl. auch aaO., S. 211 und 131 (Kritik an Konstantin, Theodosius und anderen Herrschern).

[240] AaO., S. 36. Eine exegetische Begründung dafür findet Williams im Wortgebrauch des Paulus: „But it was that dreadfull cutting off from that visible *Head* and *Body*, *Christ Jesus* and his *Church*; that *purging* out of the *old leaven* from the *lumpe* of the *Saints*; the putting away of the evill and wicked person from the holy *Land* and *Commonwealth* of *Gods Israel*, 1 Cor. 5. where it is observable, that the same word used by *Moses* for putting a malefactor to *death* in typicall *Israel*, by *sword stoning*, etc. Deut 13.5. is here used by *Paul* for the *spirituall killing* or cutting off by *Excommunication*, 1 Cor. 5. 13. Put away that evill person, etc." (ebd.).

[241] AaO., S. 111.

behandelt wie Pinhas' tödliche Beendigung des Beischlafs Simris mit der midianitischen Frau nach Num 25.[242] Hier argumentiert Williams zuerst einmal, dass es sich dabei nicht um ein geistliches, sondern um ein körperlich-unzüchtiges Vergehen gehandelt habe.[243] Zum anderen wolle ja wohl niemand im Ernst behaupten, dass das beschriebene Strafhandeln Pinhas' für Geistliche, denen nur das geistliche Schwert zur Verfügung stehe, vorbildlich sein soll.

„Secondly, no man will produce his *fact* as presidentiall to any *Minister* of the Gospel so to act in any *Civill state* or *Commonweale*; although I believe in the *Church of God* it is *presidentiall* for either *Minister* or *people* to kill and slay with the *two-edged sword* of the *Spirit* of *God* any such bold and open presumptuous sinners as these were."[244]

Durchgehend ist das Bestreben, die alttestamentlichen Texte auf ihren geistlichen Sinn im Kontext der Botschaft des Evangeliums Jesu hin auszulegen. Dieser wird geradezu zum Antitypen der alttestamentlichen Könige mit ihren ebenso geistlichen wie weltlichen Herrschaftsansprüchen.[245] Um es noch einmal am Beispiel der inkriminierten Gewalttexte zu sagen: Aus dem „corporall stoning in the Law" wird ein „spirituall stoning in the Gospell".

---

[242] AaO., S. 111 f.

[243] „First, his flaying of the *Israelitish* man, and woman of *Midian*, was not for spirituall, but corporall filthiness" (aaO., S. 111).

[244] Ebd.

[245] „[…] we finde expresly a spirituall power of *Christ Jesus* in the hands of his *Saints*, *Ministers* and *Churches*, to bee the true Antitype of those former figures in all the *Prophecies* concerning *Christ* his *spirituall power*, Isa. 9. Dan. 7. Mich. 4. etc. compared with Luc. 1. 32. Act. 2. 30. 1 Cor. 5. Math. 18. Marc. 13.34. etc." (aaO., S. 204).

„And therefore (as before I have noted) the putting away of the false *prophet*, by stoning him to *death*, Deut. 13. is fitly answered (and that in the very same words) in the *Antitype*, when by the generall *consent* or *stoning* of the whole *Assembly*, any *wicked person* is *put away* from amongst them, that is, spiritually cut off out of the *Land* of the spiritually living, the people or *Church of God, 1 Cor. 5. Galat. 5.*"[246]

Die Begründung dieser Neuinterpretation der mosaischen Straftexte ist wiederum eine explizit neutestamentliche. Nach Joh 3 sei der, der nicht glaubt, bereits gerichtet, der aber, der glaubt, habe das Leben.[247]

Williams' Schrift von 1644 lehrt aufs Eindrücklichste, dass sich gerade im puritanischen Milieu eine ausgesprochen weitgehende Diskussion um Toleranz und Gewissensfreiheit entwickeln konnte. Ohne Unterlass werden Bibelstellen herangezogen, um das Anliegen einer Freiheit des Gewissens von den Zwangsmitteln staatlicher Gewaltherrschaft zu begründen. Das sind die aus der Tradition bekannten wie das Gleichnis vom Unkraut unter dem Weizen nach Mt 13,24–30,[248] aber auch neue, bislang nicht in die Diskussion eingebrachte Texte, die den geistlichen Charakter der Botschaft Jesu aufs stärkste betonen. Assmanns Verwendung des Begriffs „puritanisch" als Chiffre für Totalitätsansprüche der Religion, die den Einzelnen entmündigt, blendet diese Dimension

---

246 AaO., S. 206.

247 Vgl. ebd. (mit weiteren Bibelstellen).

248 Zur Auslegung des Gleichnisses vgl. WILLIAMS 1644, S. 40–53. Auch die Aufforderung des Propheten Micha, Schwerter zu Pflugscharen zu schmieden, wird gegen die Verfolgung falscher Lehre angeführt: „The next Scripture against such persecution, is that of the *Prophet*, *Isa.* 24. together with *Mic.* 4.3. they shall break their *swords* into *plough-shares*, and their *speares* into *pruning hookes* […]" (aaO., S. 66).

aus. Auch wenn er häufig einschränkend von „radikalem Puritanismus" oder „radikal-puritanisch" spricht,[249] steht der Begriff „puritanisch" – wie der Untertitel des Werkes *Totale Religion* zeigt – auch insgesamt und grundsätzlich für die beklagte, die Sprache der Gewalt fördernde Form von Religion.[250] In der Rezeption der Thesen Assmanns kommt es zur Bestärkung eines Grundmusters, das grundlegend für gegenwärtige religionskritische Abhandlungen von Peter Sloterdijk bis Steven Pinker ist:[251] Die moderne Glaubens- und Gewissensfreiheit erscheint als im Kampf gegen die Autoritätsansprüche der biblisch-christlichen Tradition erstritten. Die entsprechenden Errungenschaften werden humanistischen oder philosophischen Autoren und nicht Theologen oder explizit christlich geprägten Autoren zugeschrieben.[252] Das ist, wie das Beispiel des puritanisch geprägten Theologen Roger Williams ebenso wie das des Humanisten und reformierten Theologen Sebastian Castellio zeigt, zu kurz gegriffen.

3.7.4 Protestantismus und Naturrechtstradition

Nicht nur Assmanns Blick auf den Puritanismus, sondern sein Bild des Protestantismus insgesamt ist auf eine bestimmte Gestalt desselben verengt. Am Ende des Werkes

[249] Vgl. ASSMANN ³2018, S. 16, zit. oben S. 94 mit Anm. 14; 16, zit. oben S. 95; 17, zit. oben S. 95 f.; 19, zit. oben S. 96; 34, zit. oben S. 99; 43, zit. oben S. 99; 57; 122, zit. oben S. 100; 128.

[250] Vgl. auch aaO., S. 119–125 („puritanische Verschärfung"), 131–157 („Puritanismus und Zelotismus"), 142 („puritanischen Exklusivismus", „Gesetzespuritanismus").

[251] Vgl. z. B. PINKER 2013, S. 300 f.

[252] Beispiele für solche Deutungen bei: BERNER 2020, S. 300 f.

zitiert Assmann einen längeren Abschnitt der Rede, die Papst Benedikt XVI. am 22. September 2012 im deutschen Bundestag gehalten hat.[253] Darin verweist der Papst darauf, dass das Christentum „im Gegensatz zu den anderen großen Religionen [...] dem Staat und der Gesellschaft nie ein Offenbarungsrecht, eine Rechtsordnung aus Offenbarung vorgegeben" habe. „Es hat stattdessen auf Natur und Vernunft als die wahren Rechtsquellen verwiesen [...]."[254] Assmann urteilt: Das hier zum Ausdruck kommende „‚Sowohl/Als auch' – das Prinzip der religio duplex – ist in der katholischen Kirche nach wie vor lebendig".[255]

Mit Stillschweigen übergangen wird allerdings, dass eben diese Lehre von Philipp Melanchthon, dem nach Luther wichtigsten Theologen des lutherischen Protestantismus, in profilierter Weise entfaltet worden ist.[256] Melanchthon hat mit Luther herausgestellt, dass das dem Menschen für sein Heil Notwendige unverfügbar bleibt und durch das Evangelium zugesprochen werden muss. Zugleich entwickelt er Luthers Unterscheidung von Gesetz und Evangelium weiter, indem er das Gesetz als das für das Handeln in der Welt Relevante und der menschlichen Vernunft Zugängliche erläutert. Wie jedem vernünftigen Menschen Zahlen und Rechnungsarten plausibel sind, so erschließen sich der Vernunft auch die Grundregeln der Moral, wie sie zum Beispiel in der

[253] Vgl. Assmann ³2018, S. 168 f.

[254] Zit. aaO., S. 168.

[255] AaO., S. 169.

[256] Vgl. Strohm 2000; Auflistung zahlreicher Texte, in denen Melanchthon seine Naturrechtslehre entfaltet hat, in: Strohm 1998, S. 31 Anm. 37.

Goldenen Regel zum Ausdruck kommen.[257] Evangelium und Gesetz haben unterschiedliche Inhalte. Melanchthon hat seine Begründung moralischen Handelns in dem der Vernunft zugänglichen Naturrecht gegen die Vertreter einer radikalen Reformation vertreten.[258] Durch deren Entgegensetzung von Evangelium und Handeln der weltlichen Obrigkeit, das auch Gewaltanwendung umfasst, sah er das Gemeinwesen elementar bedroht.

Melanchthons Verbindung von Offenbarung und Naturrecht hat durch seine Lehrbücher Generationen von lutherischen Theologen geprägt und ist in das kulturelle Gedächtnis des lutherischen Protestantismus eingegangen. So wurde Melanchthons Naturrechtslehre, wie insbesondere Wilhelm Dilthey im 19. Jahrhundert eingehend dargelegt hat, eine außerordentlich wichtige Voraussetzung der Aufklärung in Deutschland und gerade auch der Aufklärungstheologie des von Assmann hochgeschätzten Lessing.[259] Angesichts der hohen aktuellen Bedeutung, die Assmann dem Religionskonzept

---

[257] Vgl. z.B. Melanchthon, Enarratio Symboli Niceni, 1550, CR 23, Sp. 290: „Ac primum necesse est discerni Legem et Evangelium seu promissionem gratiae, id est, reconciliationis. Hac distinctione amissa tantae tenebrae erunt, ut nec quid sit Ecclesia Dei, nec quo modo differat ab Ethnica sapientia, nec quo modo detur remissio peccatorum, nec quae sint beneficia Filii Dei, intelligi possit: denique adeo necessaria est vera cognitio huius discriminis, ut nulla tanta sit eloquentia angelorum vel hominum, quae satis exponere possit, quantae tenebrae sequantur hac distinctione amissa. Definitiones igitur Legis et Evangelii diligenter considerent discentes, et animadvertant, unde et quomodo Lex accepta sit, et quomodo edita sit vox Evangelii. Ac prius de Lege dicendum est, quia est notitia nobiscum nascens, et indita mentibus hominum in creatione, sicut notitia numerorum."

[258] Vgl. Strohm 2000, S. 347–354.

[259] Vgl. Dilthey [6]1960, S. 162–203, bes. 170.

der religio duplex zuerkennt,[260] und auch der ansonsten ja vorhandenen Sensibilität für Phänomene des kulturellen Gedächtnisses ist es verwunderlich, nichts davon zu lesen. Dieses Defizit lässt sich nur dadurch erklären, dass Assmann einem von Karl Barths fundamentaler Kritik der Naturrechtslehre Melanchthons bestimmten Bild des Protestantismus anhängt.[261]

3.8 Der Kulturwissenschaftler und Religionstheoretiker als Theologe

Der Schluss des Buches *Totale Religion. Ursprünge und Formen puritanischer Verschärfung* wechselt das Genus der Abhandlung. Er bietet keine Zusammenfassung, sondern sucht nach „Ausgänge[n] aus der Sprache der Gewalt". Hier positioniert sich Jan Assmann als Religionstheoretiker und Theologe und skizziert das alternative Modell einer Religion, die dem Totalanspruch politischer Herrschaft ein Reich zur Seite stellt, um sie einzuschränken und zu relativieren. In diesem Sinne versteht er Jesu Wort „Gebt dem Kaiser, was des Kaisers ist, und Gott, was Gottes ist" (Mk 12,17; Lk 20,25), oder auch Jesu Rede, dass sein Reich nicht von dieser Welt sei (Joh 18,36).[262] Assmann spricht nun den biblischen Pluralismus nicht nur an, sondern zieht daraus auch Konsequenzen.

„Die beste Gegenwehr gegen religiösen Radikalismus bleibt immer der Pluralismus, wie ihn die hebräische Bibel in ihrer

---

[260] Vgl. Assmann 2010, S. 23.
[261] Vgl. Barth [4]1981, S. 56.
[262] Vgl. Assmann [3]2018, S. 159.

Vielstimmigkeit verkörpert. Im Nebeneinander von Torah und Chochmah, Weisung und Weisheit, der Geistigkeit Moses und der Weltlichkeit Salomos, legt sie den Grund zu einer ‚religio duplex', die auch unter den Bedingungen des strengen Monotheismus die totalisierende Engführung blockiert."[263]

Assmanns Modell einer religio duplex[264] greift die aufklärerische Kritik an der Verbindung von Offenbarung und Heiliger Schrift auf, in deren unheiliger Allianz er das Problem von Intoleranz und Gewalt begründet sieht.[265] Als Alternative eines Religionstyps, der auf Offenbarung zu verzichten sucht, bleiben im Sinne der Aufklärer lediglich zwei Varianten. Eine Religion, die sich am Vernünftigen orientiert, oder eine Religion, deren Wahrheit sich im guten Handeln – traditionell: tugendhaften Handeln – manifestiert. Assmann wählt letzteres Modell und erörtert es mithilfe der bekannten Ringparabel Gotthold Ephraim Lessings. Zu Recht unterstreicht Assmann, dass diese toleranzorientierte Form von Religion der Ringparabel keine Erfindung der Aufklärung gewesen ist, sondern schon im Mittelalter vertreten wurde.[266] Zugleich greift er auf Moses Mendelssohns Unterscheidung von schriftlicher und natürlicher Offenbarung zurück. „Ewige Wahrheiten" werden danach „allen Menschen in der Schöpfung offenbart und kraft der ihnen vom Schöpfer mitgegebenen Vernunft zumindest andeutungsweise lesbar. Sie sind daher Sache der Vernunft, nicht des Glaubens."[267] Nach Assmanns Auffassung ist heute mehr denn je das „Sowohl/Als auch"-Modell der religio du-

[263] Ebd.
[264] Vgl. dazu Assmann 2010.
[265] Vgl. Assmann ³2018, S. 160.
[266] Vgl. aaO., S. 162.
[267] AaO., S. 165.

plex notwendig. Sie ist das Gegenstück zur Offenbarungsreligion, die Assmann als intolerante und radikale Religion einordnet.[268]

Daniel Krochmalnik hat darauf hingewiesen, dass Assmanns Zeuge Moses Mendelssohn in seinem Modell einer Verbindung von schriftlicher und natürlicher Offenbarung keineswegs auf die mosaische Unterscheidung zugunsten eines „Sowohl/Als auch"-Modells verzichtet hat. Im Gegenteil wandte er sich am Vorabend der Französischen Revolution gegen die Selbstaufgabe des Judentums und die Gefahren der „Toleranzgleißnerey".[269] Es ist auch daran zu erinnern, dass Assmann bei einem differenzierteren Blick auf den Protestantismus profilierte Modelle einer Verbindung von Offenbarung und Vernunft schon in der Reformationszeit hätte finden können. Wie erwähnt, war dies das große und in der Wirkungsgeschichte außerordentlich bedeutsam gewordene Anliegen Melanchthons. Danach ermöglicht das Naturrecht mittels einer Theorie des angeborenen theoretischen und praktischen Erkenntnisvermögens alles zur Lebensgestaltung notwendige Wissen. Die der Vernunft entzogene Offenbarung hat nach Melanchthons Auffassung das zum Inhalt, dessen ich für mein Heil an Evangeliumsverkündigung bedarf.[270]

Die Schwäche von Melanchthons Modell liegt in der Schwierigkeit, Heilsnotwendiges von dem für die Lebensgestaltung wichtigen Wissen klar zu unterscheiden. Die Schwäche der Konzeption Assmanns liegt in der Unklarheit, welchen Mehrwert religiöse Begründungen

---

[268] Vgl. aaO., S. 167 und 169. Zur Illustration dient die oben zitierte Rede Papst Benedikts XVI. vor dem deutschen Bundestag (siehe oben S. 170 mit Anm. 254f.).

[269] Vgl. Krochmalnik 2017, S. 43.

[270] Vgl. Strohm 1998, S. 16–22.

angesichts der durchweg vernünftigen Begründung tugendhaften Handelns bieten. Abgesehen davon zeigt das weitere Schicksal der aufklärerischen Theologie-Konzepte eine gewisse Kraftlosigkeit und mangelnde Attraktivität angesichts des Verlustes erheblicher Teile der überkommenen heiligen Texte wie zum Beispiel der prophetischen Tradition.

Mit solchen Überlegungen verlässt man die kulturwissenschaftlich-historiographische Argumentation, die sich durch Klarheit der Methode auszeichnen sollte. Was üblicherweise die Gefahr des Kirchenhistorikers ist, nämlich Fragestellung und Methode des Historikers nicht klar genug von der des Theologen zu unterscheiden, kehrt hier wieder als methodische Schwäche des Kulturwissenschaftlers und Religionstheoretikers. Assmann scheut sich nicht, auch klare Urteile zu fällen, die zwar der Anschaulichkeit dienen und den Aktualitätsbezug erhöhen, aber nicht durch die Methode des Kulturwissenschaftlers oder Historikers abgesichert sind. So gelangt er zum Beispiel zu einem gleichsam theologischen Urteil, wenn er manch moderne Rezeption biblischer Texte als im Widerspruch zum Dritten Gebot stehend bezeichnet. Das gelte zum Beispiel für die Verteidigung des deutschen Überfalls auf das neutrale Belgien im Ersten Weltkrieg mit dem Hinweis auf Dtn 2,26 ff., der Geschichte des Königs Sihon von Hesbon, der den Israeliten den Durchzug durch ihr Land verweigerte und darum vernichtet wurde.[271]

---

[271] „In solchen Akten würde ich einen Verstoß gegen das Dritte Gebot sehen. ‚Du sollst den Namen JHWHs, deines Gottes, nicht missbrauchen', das heißt heute: Du sollst die Religion (welche auch immer) nicht missbrauchen für politische Gewaltanwendung – wie es ja heute ständig geschieht" (Assmann ^{3}2018, S. 55 f., mit Verweis auf:

3.9 Résumé

Unter den zu einem Konglomerat angewachsenen Thesen Assmanns lassen sich einzelne nachprüfbar belegen. Die Wirkungsgeschichte zeigt, dass sich mit den Texten, in denen für den Fall des Bundesbruchs und des Verstoßes gegen das Vermischungsverbot drastische Maßnahmen propagiert werden, Gewalt rechtfertigen ließ. Auch die Auffassung, dass solche Texte in den Händen von Fundamentalisten gefährliche Wirkungen entfalten können, ist kaum bestreitbar.[272] Aber schon die These, dass hier ein neues Argument in die Geschichte gekommen sei oder gar etwas vollkommen Neues, der vermutlich „radikalste Sprung, den die Kultur jemals gemacht" habe, erfolgt sei,[273] ist in Frage zu stellen. Das Wachstum der schließlich kanonisch gewordenen Texte ist zu langwierig und unzugänglich, um solche weitreichenden Urteile zu fällen. Auch ist die methodische Schwierigkeit ernst zu nehmen, dass Paralleltexte zum Beispiel aus dem Bereich des assyrischen Reichs nur in sehr fragmentarischer Weise erhalten und zum Vergleich heranzuziehen sind.

Bemerkenswert bleibt hingegen ein Sachverhalt: Ein kleines Volk sicherte sich mit seiner Religion im Kampf mit übermächtigen Nachbarn das Überleben und wirkte darüber hinaus mit seinen grundlegenden Impulsen für das Christentum und den Islam wie kein anderes Volk weltweit weiter. Dabei spielt der Sachverhalt, dass Israel anstelle der Waffen, die den Kampf der Großmächte bestimmten, Schrift und Kanon zu den wichtigsten Mitteln

Ebach 1980, S. 89). Jürgen Ebach zitiert aus einer im Ersten Weltkrieg erschienenen Schrift des Theologen Karl Dunkmann.

[272] Vgl. Assmann ³2018, S. 76, zit. oben S. 112 Anm. 66.

[273] Assmann ³2018, S. 23, zit. oben S. 113 Anm. 69.

im Überlebenskampf entwickelt hat, eine zentrale Rolle. Hier ist der Sitz im Leben der Texte, die Abgrenzung und Reinhaltung angesichts des allerorten drohenden Identitätsverlusts fordern.

Assmann hat seine Thesen mehrfach begrenzt durch den Hinweis, dass der israelitisch-jüdische Monotheismus der Treue nicht *notwendig* mehr Gewalt hervorrufe.[274] Zugleich finden sich auf Coverblättern und in Interviews[275] Formulierungen, die eben das suggerieren und auch in diesem Sinn verstanden werden. Ebenso fördert die Lust an Zuspitzungen bis hin zur Beschreibung der alttestamentlichen Religion mit Begriffen, die der Lingua tertii imperii verwandt sind, problematische Assoziationen.[276]

Ein grundsätzliches methodisches Problem ist die mangelnde historiographische Stringenz der weitreichenden Thesen. Es ist zu fragen, ob Assmann mit seinen kulturwissenschaftlichen Ansätzen zur Erforschung des kulturellen Gedächtnisses nicht unter den methodischen Standards der französischen Mentalitätsgeschichtsforschung bleibt. Hier suchte man kulturelle Semantiken als Phänomene der longue durée zu erforschen, indem man zur Absicherung umfangreiches serielles Quellenmaterial auswertete und sozialgeschichtliche Faktoren einbezog. Es reicht nicht aus, einzelne auffällige Belege zur Wirkungsgeschichte der Texte, welche die drastischen Sanktionen zur Durchsetzung des Vermischungsverbots und die Gewaltmaßnahmen beim Bruch des Gottes-

[274] Siehe oben S. 92 f.

[275] Siehe oben S. 108 f.

[276] Darauf hat Daniel Krochmalnik zu Recht hingewiesen (Krochmalnik 2017, S. 42: „totale Religion“, „Gleichschaltung“, „Säuberung“, „Reinheit des Blutes“, „Vernichtungskrieg“).

bundes beschreiben, wiederzugeben. Sie müssen in die breitere Wirkungsgeschichte der biblischen Texte eingeordnet und in diesem Kontext gewichtet werden. Dann zeigt sich schnell, dass sie nur eine relevante Wirkungsgeschichte entfalten können, wenn noch andere Faktoren hinzukommen. Diese sind nicht einfach als „semantische Formationen" greifbar, sondern sozial- und gesellschaftsgeschichtlich zu erfassen.

Gut belegt ist der Sachverhalt, dass innerhalb der Vielfalt des biblischen Kanons Texte überliefert wurden, die mit der ihnen eigenen Autorität abgerufen worden sind, um insbesondere in Konfliktsituationen die eigenen Standpunkte durchzusetzen und die gewaltsame Verfolgung von als Häretikern qualifizierten Gegnern zu begründen. Dies geschah nicht sogleich, sondern mit erheblicher Verzögerung, in größerem Ausmaß erst nach dem ersten Jahrtausend Christentumsgeschichte. Denn im biblischen Kanon Alten und Neuen Testaments fanden sich eben auch kräftige gegenläufige Impulse wie insbesondere das Gleichnis vom Unkraut unter dem Weizen (Mt 13,24–30) oder die zugespitzte Rede von Gott als Liebe (1 Joh 4,16). Ein originärer, unmittelbarer oder sachnotwendiger Zusammenhang mit dem Monotheismus der Treue ist darum nicht einleuchtend. Assmanns entsprechende, sprachkräftig vorgetragene Erläuterungen bleiben Spekulation, die aufgrund ihrer Zeitgeistgemäßheit eine erhebliche suggestive Kraft entfalten können. Übrig bleibt der schlichte Befund, dass biblische Texte Rechtfertigungsargumente für grausame Gewalttaten gegen Andersgläubige und Abweichler boten, die auch genutzt worden sind.

4 Zeitgeist und Geschichtsdeutung

In einer Situation, in der die Prägekraft christlicher Religion in Mitteleuropa massiv zurückgeht, stellt sich die Frage nach den kulturellen Wirkungen des Christentums in der Geschichte mit besonderer Dringlichkeit. Sowohl die Gefahr einer Unterschätzung der Folgen angesichts gegenwärtiger Erfahrung als auch das Problem einer Überfrachtung mit Vorurteilen nehmen zu. Die beiden vorgelegten Fallstudien zeigen exemplarisch diesen durchaus widersprüchlichen Befund. *Einerseits* wird im Falle Stauffenbergs den zweifelsfrei vorhandenen Indizien einer Orientierung am christlichen Glauben keinerlei motivierende Kraft auf dem Weg in den Widerstand zugesprochen. Die aus verschiedenen Gründen naheliegende Verstärkung religiöser Bindungen in den letzten Jahren bzw. Monaten vor dem Attentat wird von Stauffenbergs Biographen Thomas Karlauf nicht einmal diskutiert. *Andererseits* stellen Jan Assmanns Studien klare kausale Zusammenhänge zwischen Bibeltexten bzw. religiösen Grundentscheidungen und bis in die Gegenwart sich verhängnisvoll auswirkenden kulturellen Folgen heraus. Das trifft trotz aller Modifikationen seiner Thesen zum Zusammenhang von Monotheismus und gewaltträchtiger Sprache weiterhin zu. Zwar sucht sich Assmann gegen eine direkte Ableitung gewalttätigen Handelns aus biblischen Texten abzugrenzen, jedoch muss man die jüngste Darstellung *Totale Religion* wie die früheren entsprechend verstehen. Das legen schon Charakterisierungen wie „puritanisch" und „totale Religion" nahe, die als das bis in die Gegenwart reichende Kontinuum herausgestellt werden. Ferner löst sich der an der einen Stelle betonte Unterschied zwischen dem Monotheismus der Wahrheit und einem spezifischen Monotheismus der Treue in anderem Zusammenhang wieder auf. Denn auch ersterer habe das Potential, eine Sprache der Gewalt zu fördern. Das Schillern begünstigt eine undifferenzierte, dem Zeitgeist[1] entsprechende Rezeption, insbesondere im Feuilleton. So wird hier kaum zwischen Monotheismus der Wahrheit und Monotheismus der Treue unterschieden – im französischsprachigen Bereich noch weniger als im deutschsprachigen.

Die Analyse der Wirkungsgeschichte der einschlägigen Bibeltexte ergibt entgegen Assmanns Darstellung keinen eindeutigen Befund. Zwar kann er einzelne Konstellationen benennen, die einen wirkungsgeschichtlichen Zusammenhang mit einer vermehrten Sprache der Gewalt nahelegen. Die Belege sind aber zu singulär, als dass sie weitergehende Hypothesen unterstützen. Weder die Pluralität des biblischen Kanons, der explizit gegenläufige Inhalte bietet, noch die insgesamt gesehen gerade signifikant geringe Wirkungsgeschichte der von Assmann angeführten einschlägigen Gewalt-trächtigen Bibeltexte sprechen dafür. Prüft man Assmanns Thesen am Beispiel der Auslegung der von ihm ins Zentrum seiner Argumentation gestellten Texte (Ex 32,26–29; Num 25,10–15; vgl. Dtn 16,21–17,7; Lev 24,16) durch Martin Luther, findet man keine Bestätigung. Luther setzt andere Schwerpunkte und er kann in zeitlicher Nähe zur Auslegung dieser

[1] Zum Begriff „Zeitgeist" vgl. Strohm 1999, S. 370f.

Texte in Predigten und Vorlesungen auf der Bekämpfung von Abweichler- und Ketzertum allein durch das Wort und gerade nicht durch das Schwert beharren. Werkgenetisch betrachtet, führt Luthers – vergleichsweise gut bezeugte – Auslegung der Texte gerade nicht zu einer verstärkten Forderung der Anwendung von Gewalt. Wenn sich entsprechende Aussagen bei Luther finden, sind sie explizit anders begründet – zum Beispiel mit der Aufrechterhaltung der öffentlichen Ordnung. Im Blick auf die gesamte Wirkungsgeschichte der Bibeltexte bleibt als belegbar die wenig überraschende Feststellung übrig, dass biblische Texte im Blick auf Gewalt *auch* legitimierend und verstärkend wirken können.

Das Beispiel Stauffenbergs und anderer Beteiligter am Attentat des 20. Juli 1944 lehrt, dass ethisch-moralische Motive und religiöse Bindungen unauflöslich mit anderen Faktoren zusammenwirken. Das reicht von Erfahrungen des Verlusts Nahestehender, lebensgefährlicher Verwundung, der Desillusionierung hochfahrender Ziele, der Verstrickung in Unrecht und erschütternden Kriegserlebnissen über die Wahrnehmung der Sicherheit und Geborgenheit von Familie und Milieu bis hin zu nüchternem militärischen Kalkül. Eine impulsgebende Bedeutung religiöser Orientierung, die klar über eine rein nachträglich legitimatorische Funktion hinausgeht, ist aufgrund dieses unauflöslichen Zusammenhangs mit anderen Faktoren schwer nachweisbar. Zugleich finden sich genügend Belege, um religiösen Bindungen bei vielen am Widerstand Beteiligten eine katalytische Wirkung auf den Entschluss zur Beteiligung an Umsturzvorbereitungen zuzusprechen. Indizien sind die verstärkte Präsenz religiöser Kommunikation und Praxis, die Art der thematisierten Inhalte, die identische Verbreitung des Phänomens bei verschiedenen Personen sowie die ausdrückliche Selbstdeutung in diesem Sinn in den Verhören nach dem gescheiterten Attentat. Die entsprechenden Erinnerungen von Überlebenden, zum Teil formuliert im Abstand von zwanzig Jahren, können hingegen nur mit Einschränkungen als historiographische Quelle ernst genommen werden. Im Falle Stauffenbergs müssen die Urteile über einen Zusammenhang von moralischen Beweggründen, religiöser Orientierung und Entscheidung zum aktiven Widerstand angesichts des weitgehenden Verlusts der relevanten schriftlichen Zeugnisse zurückhaltender ausfallen als bei seinen engen Mitstreitern Fritz-Dietlof von der Schulenburg und Peter Yorck von Wartenburg.

Beide Fallstudien sprechen für multikausale Erklärungsmodelle und widersprechen teleologischen Deutungen. Ein Bibeltext bringt nicht notwendig eine bestimmte Anwendung aus sich heraus. Vielmehr ist er deutungsoffen und kann im Zusammenspiel mit anderen Bibeltexten oder weiteren Faktoren abhängig von den jeweiligen Konstellationen eine je andere Wirkung hervorrufen.

Die Wirkkraft religiöser Bindungen ist der Natur der Sache nach schwer greifbar. In den Jahren der nationalsozialistischen Herrschaft konnten sie sowohl zu einer verstärkten Bindung an den Eid auf den Führer als auch zu einer klareren Haltung der Abkehr von elementarem Unrecht, verantwortungsloser Kriegstreiberei oder christentumsfeindlicher Ideologie führen. Im Fall der an Umsturzvorbereitungen Beteiligten sind zwangsläufig so gut wie keine Quellen, die den Entschluss zum Widerstand dokumentieren, erhalten.

Angesichts der dürftigen Quellenlage stellt sich eine Herausforderung in verschärfter Weise, die jede historische

Forschung grundsätzlich zu meistern hat: die Notwendigkeit, die Abhängigkeit der Ergebnisse von den eingetragenen Vorgaben zu begrenzen. So zeigen beide Fallstudien zum Thema „Kulturwirkungen des Christentums", dass die Ergebnisse in erheblichem Maß von der religiösen bzw. weltanschaulichen Orientierung der Autoren der jeweiligen Forschungen bestimmt sind. Thomas Karlauf hat als Verlagslektor die Werke der Widerstandsforschung betreut, deren Hauptanliegen die Zurückdrängung einer Überbewertung moralischer Motive in der Widerstandsforschung zugunsten strukturgeschichtlicher Erklärungen gewesen ist. Zudem hat er nach dem Abitur zehn Jahre in einem George-Nachfolge-Kreis gelebt. Beide Einflüsse wirken sich unmittelbar und nicht ohne Widersprüchlichkeit auf seine Stauffenberg-Deutung aus. So sieht Karlauf dessen Entschluss als rein militärischer Logik geschuldet an und bezeichnet doch zugleich Stefan George als geistigen Urheber des Attentats vom 20. Juli. In der Rezeption kommt es dann wiederum zu Verengungen. Der eine Rezipient, dem die „zittrige Luft geschichtspolitisch-weltanschaulicher Kontroversen" nicht behagt, übernimmt die Deutung des Attentats als eines reinen Militärputsches (Wolfram Wette).[2] Der andere wiederum findet geradezu euphorisch die eigene Liebe zur Dichtung Stefan Georges illustriert und bestätigt.

Jan Assmann hat über viele Jahre hinweg sein Interesse an der Theologie der Aufklärung vertieft und das Konzept einer religio duplex entwickelt. Seine Präferenz gilt der an Vernunft und Moral ausgerichteten Religion, während Religionsformen, die sich auf Offenbarung gründen, unter dem Verdacht der „totalen Religion" und in der

[2] Siehe oben S. 86 mit Anm. 232.

Gefahr „puritanischer Verschärfung“ stehen. Die selektive Wahrnehmung einer außerordentlich vielfältigen und widersprüchlichen Wirkungsgeschichte biblischer Texte und ein verengter Blick auf die Vielfalt von lutherischem Protestantismus, Calvinismus und Puritanismus führt dann zur Bestätigung dieser Konzeption.

Neben der kritischen Reflexion auf das skizzierte Problem ist der beste Schutz vor Willkür in der Interpretation methodische Klarheit bzw. der Ausweis präziser Methoden. Assmanns Thesen zum Zusammenhang von Monotheismus der Treue und Sprache der Gewalt haben sich, wie die außerordentlich umfangreiche Rezeption belegt, als interdisziplinär in hohem Maß anschlussfähig erwiesen. Neben der Sprachkraft und umfassenden Gelehrsamkeit tragen dazu auch die vielfältig eröffneten aktuellen Bezüge bei, wenn zum Beispiel salafistische mit radikal-puritanischen Motiven gleichgesetzt werden.[3] Die Kehrseite ist eine problematische, weil verunklarende methodische Vielfalt, die neben den klassischen religionsgeschichtlichen und philologischen Methoden der Ägyptologie auch kulturwissenschaftliche und religionstheoretische Zugänge umfasst. Die Übertragung von Carl Schmitts politologisch-philosophischem Freund-Feind-Schema auf die Religion Israels mag anregend sein, hat aber keine analytische Kraft, da es im Grunde für jede sich von der Welt absondernde weltanschauliche oder religiöse Gruppierung gilt. Ebenso wenig ist die Rede von der „totalen Religion“ spezifisch für den Monotheismus der Treue oder puritanische Tendenzen, sondern Kennzeichen der meisten vormodernen Religionsformen (und der als Religionsersatz dienenden Ideologien des 20. Jahrhunderts!). Assmanns

[3] Vgl. ASSMANN [3]2018, S. 57.

weitreichende Thesen bedürften systematischer wirkungsgeschichtlicher Studien, die über einzelne auffällige Belege hinaus durchgehend vorhandene Argumentationsmuster nachweisen. Das müsste dann bis in die Gegenwart verlängert werden, wenn man von einer semantischen Formation als Teil des kulturellen Gedächtnisses sprechen will.

Karlaufs Stauffenberg-Darstellung ist dadurch gekennzeichnet, dass das methodische Instrumentarium fehlt, um religiöse Faktoren, die Wahrnehmung und Handeln beeinflusst haben könnten, zu erfassen. Schon der Begriff der Religion ist wie der des Ethos so verengt wie unpräzise. Charakteristisch für Religion scheinen Biblizismus und die Haltung der reinen Gesinnung zu sein. Ethos und Ethik stehen in erstaunlich unreflektierter Weise für ein Handeln, das durch Gesinnung und den Gegensatz zu einem Handeln aus Verantwortung bestimmt ist. Es mangelt an begrifflicher Klarheit und Angemessenheit der Methode, um den komplexen Phänomenen Religion und Ethos gerecht zu werden.

Beide Fallstudien offenbaren die besonderen Herausforderungen historiographischen Arbeitens, wenn die Quellenbasis sehr begrenzt ist. Im Falle Stauffenbergs handelt es sich, wie gesagt, um das fast vollständige Fehlen schriftlicher Zeugnisse, abgesehen von dienstlichem Schriftverkehr bzw. Militärtagebüchern. Bei Assmanns weitreichender Interpretation der alttestamentlichen Bibeltexte ist es nicht minder schwierig, vergleichbare Texte anderer Religionen heranzuziehen. Zudem fehlt eine entsprechende Wirkungsgeschichte außerbiblischer Texte des Vorderen Orients, so dass eine Auslegung der inkriminierten Bibeltexte innerhalb der außerordentlich vielfältigen Wirkungsgeschichte des pluralen Kanons Alten und Neuen Testaments erfolgen müsste.

Beide Fallbeispiele zeigen die besonderen Schwierigkeiten, das *erste* Ziel historiographischen Arbeitens, die schlichte Erhellung vergangener Zeiten, zu erlangen. Im einen Fall ist es der Mangel an Quellen, die über Motive der Entscheidung zum Widerstand Auskunft geben. Im anderen Fall fehlen zwar außerbiblische Vergleichstexte, zugleich ist jedoch ein Übermaß an Quellen im Rahmen der außerordentlich umfangreichen und vielfältigen Wirkungsgeschichte biblischer Texte auszuwerten. Beides fördert offensichtlich vorurteilsgesteuerte Interpretationen.

So gewinnt ein *zweites* Ziel historiographischen Arbeitens besondere Bedeutung: das Bemühen, die im Zuge unterschiedlicher Deutungen angehäuften Schichten abzutragen und gleichsam archäologisch zu analysieren – wie das Heinz Schilling im Blick auf die historiographische Erforschung der Reformation im Zusammenhang des vergangenen Reformationsjubiläums eingefordert hat.[4] Eine Deutung der Person Stauffenbergs und seines Weges in den Widerstand hat die Bilder zu vergegenwärtigen, die man sich aus unterschiedlichen Interessen in verschiedenen Kontexten von ihm machte. Nachdem die Machthaber ihn anfangs als Angehörigen einer kleinen Gruppe verräterischer Offiziere denunziert hatten, konnte er in der entstehenden Bundesrepublik als Vertreter des „anderen Deutschland" Vorbildfunktion erfüllen. Dagegen beschrieb ihn – infolge der Umwälzungen seit den 1960er Jahren – eine strukturgeschichtlich ausgerichtete Deutung als Teil der alten Eliten, die im Zuge eines Modernisierungsprozesses ihre Interessen bedroht sahen. Hier habe seine Widerständigkeit ihre Wurzeln gehabt, nicht in Ethos oder Religion, zumal man sich in den na-

[4] Vgl. Schilling 2014, S. X.

tionalistischen Zielen weitgehend einig war. Karlauf hat diese Deutung aufgenommen und das Selbstverständnis als Offizier betont. Bis zuletzt sei das Handeln im Wesentlichen durch militärisches Kalkül bestimmt gewesen. Ergänzt wird das durch die pointierte Herausstellung der Bindung an das elitäre Denken Stefan Georges, das Existenz-bestimmende, pseudoreligiöse Züge annimmt und einer postmodernen individualistischen Religiosität eher entspricht als das kirchliche Christentum.

Auch Assmanns kritische Darstellung des alttestamentlichen Monotheismus der Treue unter dem Stichwort der „totalen Religion" verdankt sich einem spezifischen Programm. Sie ist Teil der Geschichte der Emanzipation von autoritär konstruierter Offenbarungsreligion, die den Westen seit der Aufklärung bestimmt hat. Angesichts der Unfruchtbarkeit des Streits der Konfessionen, die ihren Wahrheitsanspruch nicht zuletzt mit Gewaltmitteln durchzusetzen suchten, gewannen neue Religionsbegründungen an Plausibilität. Offenbarung als Wahrheitsbegründung wurde ersetzt durch Moral und Vernunft. Diejenige Religion schien die richtige zu sein, die zu tugendhaftem Handeln in der Welt führt und überdies Vernunft-kompatibel ist. Dem entgegen stehen alle Formen von Aberglauben, die nicht nur Zeichen von Unmündigkeit sind, sondern auch tyrannischem Machtmissbrauch Tür und Tor öffnen. Assmann positioniert sich hier in wünschenswerter Klarheit. Die Therapievorschläge, mit denen Assmann sein Werk *Totale Religion* ausklingen lässt, sind die Worte eines Religionstheoretikers, der als Theologe spricht.[5]

---

[5] „Schluss: Ausgänge aus der Sprache der Gewalt" (aaO., S. 158–174); vgl. auch Assmann 2010.

Die Orientierung an der Theologie der Aufklärung führt zu einem verengten Blick auf die Reformation und das Zeitalter der Konfessionalisierung. So wird Assmann der Vielfalt der hier entwickelten Konzepte nicht gerecht, wie das am Beispiel Melanchthons sichtbar wird. Auch sollten die Entwicklungen des 20. Jahrhunderts nicht übersehen werden. Im Bereich des Protestantismus hat sich nach dem Ersten Weltkrieg eine offenbarungsorientierte Neuformierung von Theologie und Kirche vollzogen. Das geschah angesichts der Erfahrung, dass der herrschende Kulturprotestantismus mit seiner Orientierung an Vernunft und Moral eher einen Beitrag zum Weg in die Katastrophe des Ersten Weltkriegs leistete, als sie zu verhindern. Dem Neuaufbruch der sog. Wort-Gottes-Theologie in den 1920er Jahren ist es dann im Wesentlichen gelungen, die Religionsbegründung durch Offenbarung mit der Fähigkeit zu Toleranz und Mitarbeit in einem modernen pluralen Gemeinwesen zu vermitteln. Assmanns Etikett „Puritanismus" oder auch die Rede von der „totalen Religion" wird solchen Gestalten offenbarungsbestimmter Religion nicht gerecht.

Es ist nicht Aufgabe des Historikers, die Frage nach der Bedeutung unterschiedlicher Theologiekonzepte für die Gegenwart zu beantworten. Er kann jedoch im Sinne eines *dritten* Ziels historiographischen Arbeitens einen Beitrag zur Gegenwartsdeutung leisten. Gerade das Abtragen der Schichten, die sich im Zuge späterer Deutungen über einen Gegenstand gelegt haben, ermöglicht ein besseres Verstehen der Gegenwart und des sie bestimmenden Zeitgeistes. Assmanns Deutungen und noch mehr die Rezeption seiner Thesen sind durch eine Überzeugung, die sich in der Gegenwart als Konsens etabliert hat, geleitet: Religion erschwert Toleranz und der Weg dorthin führt über ihre Reduktion, Eingrenzung oder Auflösung. Der Toleranz-eröffnende Diskurs wird in Abgrenzung gegen die Theologie geführt. Seine Autoren sind die Philosophen, nicht aber die Theologen. Glaubens- und Gewissensfreiheit sind im Kampf gegen das Christentum erstritten worden.[6] So lautet der weitverbreitete Konsens.

Anders als Religionskritiker wie Peter Sloterdijk oder Steven Pinker spricht Assmann dem vernünftigen Christentum zum Beispiel eines Gotthold Ephraim Lessing durchaus Toleranzfähigkeit zu. Dessen Weg als lutherischer Theologe, der in der Rede vom Theater als seiner Kanzel einen sprechenden Ausdruck fand,[7] wird jedoch nicht erwähnt. Vor allem aber blendet Assmann bei seiner Skizzierung des Puritanismus die hier ausprobierten und eingeübten Toleranzdiskurse völlig aus. Man kann in Johannes Calvins Auslegung der betreffenden alttestamentlichen Bibelstellen Ansatzpunkte für die Rechtfertigung der Anwendung von Gewaltmitteln in Glaubensfragen finden. Bei seinem Nachfolger Theodor Beza ist das in noch stärkerem Maß der Fall. Darüber dürfen aber nicht die gegenläufigen Tendenzen im Werk Calvins und Bezas oder auch Richard Baxters außer Acht gelassen werden. Insbesondere sind die Auslegungen im Bereich des Puritanismus, die sich ausdrücklich von jeder Begründung leiblicher Bestrafung von Abweichlern abgrenzen, zu beachten. So hat Roger Williams mit seiner pointiert geistlichen Interpretation der alttestamentlichen Straftexte gerade eine biblisch-theologische Begründung der Glaubens- und Gewissensfreiheit entfaltet.

---

[6] Siehe oben S. 168 f.

[7] Vgl. Leppin 1999.

Bei Assmann ist davon nichts zu lesen. Vielmehr zieht er in seinem Buch *Totale Religion* ausdrücklich Verbindungslinien zwischen dem „radikalen Puritanismus" und islamistisch begründeter Gewalt. So verstärkt die Rezeption der Thesen Assmanns die in den letzten Jahrzehnten medial vermittelte Wahrnehmung der problematischen, weil Toleranz-hindernden Rolle von Religion. Das betrifft einzelne herausragende Ereignisse wie die Terroranschläge vom 11. September 2001, aber ebenso die ununterbrochene Berichterstattung über islamistisch motivierte Gewalttaten. Historikerinnen und Historiker sollten heute in Erinnerung rufen, dass Begründungen von Glaubens- und Gewissensfreiheit auch von Theologen im Gespräch mit den biblischen Texten entfaltet worden sind.

Die Analyse der Thesen Karlaufs und ihre Einordnung in die Forschungsgeschichte bietet ebenfalls einen Erkenntnisgewinn im Sinne des *dritten* Ziels historiographischen Arbeitens. Die Grundthese, dass Stauffenbergs Attentat als militärischem Kalkül geschuldeter Putschversuch zu deuten ist, wird durch eine dazu in Spannung stehende Deutung ergänzt: Stefan George sei der geistige Urheber des Attentats vom 20. Juli gewesen. In dieser Hochschätzung des existenzbestimmenden Charakters der Dichtung Georges und noch mehr in der positiven Aufnahme der Thesen im Feuilleton kommt eine vielfach beschriebene Entwicklung zum Ausdruck. Die klassische, durch Tradition, Dogma und Kirchenbindung gekennzeichnete Religion wird in der Gegenwart ersetzt durch eine persönlich angepasste, „postmoderne" Patchwork-Religiosität.

Ein Einfluss der Dichtung Georges auf Stauffenberg ist durchaus plausibel. Er könnte aber ebenso anders geartet dargestellt werden. So gibt es eine klare Nähe von Georges elitärem Denken und dem Einschwören einer kleinen Elite auf „das Neue Reich“ mit dem republikfeindlichen Denken am Ende der Weimarer Republik. Die Frage drängt sich auf, ob hier nicht gerade Gründe für Verzögerungen in Stauffenbergs Abkehr von der nationalsozialistischen Herrschaft liegen. Diese Frage wird weder von Karlauf noch von seinen Rezipienten gestellt. Das ist als Ausdruck des Sachverhalts zu deuten, dass Georges individualistische, poetisch aufgeladene Religiosität dem gegenwärtigen Zeitgeist entspricht. Sie unterscheidet sich jedoch in erheblichem Maße von der bei vielen Angehörigen des militärischen Widerstands gegen Hitler gelebten klassisch volkskirchlichen Glaubenspraxis.

Der Gestaltwandel der Religion in der Gegenwart und der Bedeutungsverlust klassischer Religionsformen in Mitteleuropa stellt Historikerinnen und Historiker heute vor neue Herausforderungen. Europäische Kulturgeschichte ist nicht ohne die Klärung der kulturellen Prägekräfte des Christentums zu verstehen. Das betrifft nicht nur die mittelalterliche Geschichte oder die Frühe Neuzeit, sondern ebenso das Handeln der Eliten im 20. Jahrhundert. Je weniger selbstverständlich die Kulturwirkungen des Christentums von den Allgemeinhistorikerinnen und Allgemeinhistorikern in den Blick genommen werden, umso mehr haben sich Kirchenhistoriker darum zu bemühen. Diese sollten die mit ihrer Qualifikation und ihren Interessen gegebene Gefahr, die Prägekraft von Religion, Glauben, Frömmigkeitspraktiken und konfessionellen Milieus zu überschätzen, vor Augen haben. Wilhelm Diltheys Zusammenfassung seiner Arbeit als Geistes- und Kulturwissenschaftler, die er als knapp 27-jähriger im Jahr 1860 formuliert hat, scheint mir aber gerade in der Gegenwart besonders relevant zu sein: „[…] [M]ein Beruf ist, das Innerste des religiösen Lebens in der Historie zu erfassen und zur bewegenden Darstellung zu bringen in unseren von Staat und Wissenschaft ausschließlich bewegten Zeiten.“[8]

[8] Tagebucheintrag v. 14.11.1860, abgedr. in: Misch ^{2}1960, S. 140.

Literatur

Zu Einleitung, Teil 1. und 4.

ABSMEIER, Christine: Das schlesische Schulwesen im Zeitalter der Reformation. Ständische Bildungsreformen im Geiste Philipp Melanchthons (Contubernium 74), Stuttgart 2011.

BENDIKOWSKI, Tillmann: Der deutsche Glaubenskrieg. Martin Luther, der Papst und die Folgen, München 2016.

DESCHNER, Karlheinz: Kriminalgeschichte des Christentums, 10 Bde., Reinbek 1986–2013.

DIENST, Tobias: Konfessionelle Konkurrenz. Gelehrte Kontroversen an den Universitäten Heidelberg und Mainz (1583–1622), Diss. theol. Heidelberg 2019.

FISCHER-TINÉ, Harald: Postkoloniale Studien, in: Europäische Geschichte Online (EGO), hg. vom Institut für Europäische Geschichte (IEG), Mainz 2010-12-03. URL: http://ieg-ego.eu/de/threads/europa-und-die-welt/postkoloniale-studien/harald-fischer-tine-postkoloniale-studien [Zugriff: 17.12.2020].

HECKEL, Martin: „Zelo domus Dei"? [2006], in: ders., Gesammelte Schriften. Staat – Kirche – Recht – Geschichte, Bd. 6 (JusEccl 100), Tübingen 2013, S. 199–230.

–: Martin Luthers Reformation und das Recht. Die Entwicklung der Theologie Luthers und ihre Auswirkung auf das Recht unter den Rahmenbedingungen der Reichsreform und der Territorialstaatsbildung im Kampf mit Rom und den „Schwärmern" (JusEccl 114), Tübingen 2016.

MBEMBE, Achille: Kritik der schwarzen Vernunft. Aus dem Französischen von Michael Bischoff (stw 2205), Berlin 2014.

Misch, Clara: Der junge Dilthey. Ein Lebensbild in Briefen und Tagebüchern 1852–1870, Stuttgart/Göttingen ²1960.

Schilling, Heinz: Martin Luther 1517/2017, in: ders., unter Mitarbeit von Anne Mittelhammer (Hg.), Der Reformator Martin Luther 2017. Eine wissenschaftliche und gedenkpolitische Bestandsaufnahme (Schriften des Historischen Kollegs. Kolloquien 92), Berlin/München/Boston 2014, S. VII–XVII.

–: Der Weg ins Inferno. Das Reformations-Jubiläum 2017 rückt näher – ist Volker Reinhardts „Luther, der Ketzer" das Buch der Stunde?, in: Süddeutsche Zeitung Nr. 34 vom 11.2.2016, S. 12.

Stolleis, Michael: Geschichte des öffentlichen Rechts in Deutschland, Bd. I: Reichspublizistik und Policeywissenschaft 1600–1800, München 1988.

–: Glaubensspaltung und öffentliches Recht in Deutschland [1985], in: ders., Staat und Staatsräson in der frühen Neuzeit. Studien zur Geschichte des öffentlichen Rechts, Frankfurt a.M. 1990, S. 268–297.

Strohm, Christoph: Theologie und Zeitgeist. Beobachtungen zum Siegeszug der Methode des Petrus Ramus am Beginn der Moderne, in: Zeitschrift für Kirchengeschichte 110 (1999), S. 352–371.

–: Calvinismus und Recht. Weltanschaulich-konfessionelle Aspekte im Werk reformierter Juristen in der Frühen Neuzeit (SMHR 42), Tübingen 2008.

–: Die produktive Kraft konfessioneller Konkurrenz für die Rechtsentwicklung, in: ders. (Hg.), Reformation und Recht. Zur Kontroverse um die Kulturwirkungen der Reformation, Tübingen 2017, S. 131–171.

Weber, Max: Die protestantische Ethik und der Geist des Kapitalismus, in: ders., Gesammelte Aufsätze zur Religionssoziologie, 8. photomechan. gedr. Aufl., Bd. 1, Tübingen 1986, S. 17–206.

Vgl. auch Literatur zu Teil 2 und 3.

Literatur zu Teil 2

Art. „Thomas Karlauf“, in: Wikipedia, Die freie Enzyklopädie (4.9.2019). URL: https://de.wikipedia.org/wiki/Thomas_Karlauf [Zugriff: 17.12.2020].

Art. „Wolfgang Frommel“, in: Wikipedia, Die freie Enzyklopädie (31.10.2019). URL: https://de.wikipedia.org/wiki/Wolfgang_Frommel [Zugriff: 17.12.2020].

Aufstand des Gewissens. Militärischer Widerstand gegen Hitler und das NS-Regime 1933–1945. Im Auftrag des Bundesministeriums der Verteidigung hg. vom Militärgeschichtlichen Forschungsamt, Herford/Bonn o. J. [1984].

Bärsch, Claus-Ekkehard: Die politische Religion des Nationalsozialismus. Die religiöse Dimension der NS-Ideologie in den Schriften von Dietrich Eckart, Joseph Goebbels, Alfred Rosenberg und Adolf Hitler, München 1998.

Bechtolsheim, Sophie von: Stauffenberg. Mein Großvater war kein Attentäter, Freiburg i. Br. 2019.

Boeselager, Philipp von: Erinnerungen, in: Sigrid Grabner/Hendrik Röder (Hg.), Henning von Tresckow. Ich bin, der ich war. Texte und Dokumente, Berlin (2001) ³2005, S. 61–63.

Brakelmann, Günter: Helmuth James von Moltke 1907–1945. Eine Biographie, München (2007) ²2007.

–: Peter Yorck von Wartenburg 1904–1944. Eine Biographie, München 2012.

Bräuninger, Werner: Claus von Stauffenberg. Die Genese des Täters aus dem Geiste des Geheimen Deutschland, Wien/Leipzig 2002.

Breuning, Klaus: Die Vision des Reiches. Deutscher Katholizismus zwischen Demokratie und Diktatur (1929–1934), München 1969.

Broszat, Martin, et al. (Hg.): Bayern in der NS-Zeit, 6 Bde., München 1977–1983.

Bussche, Axel von dem: Eid und Schuld, in: Göttinger Universitätszeitung 2, Nr. 7 vom 7. März 1947, S. 1–4.

Die Vollmacht des Gewissens, hg. von der Europäischen Publikation e. V., München 1956.

Dönhoff, Marion Gräfin: „Um der Ehre willen". Erinnerungen an die Freunde vom 20. Juli, Berlin 1994.

Egyptien, Jürgen: Die „Kreise", in: Achim Aurnhammer et al. (Hg.), Stefan George und sein Kreis. Ein Handbuch, 3 Bde., Berlin/Boston (2012) ²2016, Bd. 1, S. 365–407.

Fahrner, Rudolf: Gesammelte Werke, hg. von Stefano Bianca und Bruno Pieger, 2 Bde., Köln/Weimar/Wien 2008.

Fest, Joachim: Das tragische Vermächtnis, in: Sigrid Grabner/Hendrik Röder (Hg.), Henning von Tresckow. Ich bin, der ich war. Texte und Dokumente, Berlin (2001) ³2005, S. 135–155.

Forschbach, Edmund: E. J. Jung. Ein konservativer Revolutionär. 30. Juni 1934, Pfullingen 1984.

Fritzsche, Klaus: Politische Romantik und Gegenrevolution. Fluchtwege in der Krise der bürgerlichen Gesellschaft: das Beispiel des „Tat"-Kreises (edition suhrkamp, 778), Frankfurt a. M. 1976.

George, Stefan: Der Dichter in Zeiten der Wirren, in: ders. (Hg.), Das Neue Reich. Gesamt-Ausgabe der Werke, Berlin/Boston 1928, Bd. 9, S. 35–41.

Gerlach, Christian: Männer des 20. Juli und der Krieg gegen die Sowjetunion, in: Hannes Heer/Klaus Naumann (Hg.), Vernichtungskrieg. Verbrechen der Wehrmacht 1941–1944, Hamburg 1995, S. 427–446.

Gisevius, Hans Bernd: Bis zum bitteren Ende. Vom 30. Juni 1934 bis zum 20. Juli 1944, Berlin 1964.

Graml, Hermann (Hg.): Widerstand im Dritten Reich. Probleme, Ereignisse, Gestalten, Frankfurt a. M. ²1994.

Gresser, Philipp: Deutschsprachige George-Kritik 1898–1945, in: Achim Aurnhammer et al. (Hg.), Stefan George und sein Kreis. Ein Handbuch, 3 Bde., Berlin/Boston (2012) ²2016, Bd. 2, S. 976–1014.

Grünewald, Eckhart: Ernst Kantorowicz und Stefan George. Beiträge zur Biographie des Historikers bis zum Jahre 1938 und zu seinem Jugendwerk „Kaiser Friedrich der Zweite" (Frankfurter historische Abhandlungen, 25), Wiesbaden 1982.

Haffner, Sebastian: Anmerkungen zu Hitler, München 1978.

Halder, Franz: Kriegstagebuch. Tägliche Aufzeichnungen des Chefs des Generalstabes des Heeres 1939–1942, hg. vom Arbeitskreis für Wehrforschung, bearb. von Hans-Adolf Jacobsen, 3 Bde., Stuttgart 1962–64.

Hamza, Gábor: Die Idee des „Dritten Reichs" im deutschen philosophischen und politischen Denken des 20. Jahrhunderts, in: Zeitschrift der Savigny-Stiftung für Rechtsgeschichte, Germanistische Abteilung, Bd. 118 (2001), S. 321–336.

Heinemann, Ulrich: Ein konservativer Rebell. Fritz-Dietlof Graf von der Schulenburg und der 20. Juli, Berlin 1990; Neuausg. 1994.

Hentig, Hartmut von: Nichts war umsonst. Stauffenbergs Not, Göttingen 2008.

Hermle, Siegfried/Claudia Lepp/Harry Oelke: Christlicher Widerstand? Evangelische Kirche und Nationalsozialismus (CuZ 4), Leipzig 2019.

Hielscher, Friedrich: Das Reich, Berlin 1931.

Hoffmann, Peter: Claus Graf Stauffenberg und Stefan George. Der Weg zur Tat, in: Jahrbuch der deutschen Schillergesellschaft 12 (1968), S. 520–542.

–: Claus Schenk Graf von Stauffenberg. Die Biographie, München (1992) ^{4}2007.

–: Stauffenbergs Freund. Die tragische Geschichte des Widerstandskämpfers Joachim Kuhn, München 2007.

Hüttenberger, Peter: Vorüberlegungen zum Widerstandsbegriff, in: Jürgen Kocka (Hg.), Theorien in der Praxis des Historikers (Geschichte und Gesellschaft, Sonderheft 3), Göttingen 1977, S. 117–134.

Jacobsen, Hans-Adolf (Hg.): „Spiegelbild einer Verschwörung". Die Opposition gegen Hitler und der Staatsstreich vom 20. Juli 1944 in der SD-Berichterstattung. Geheime Dokumente aus dem ehemaligen Reichssicherheitshauptamt, 2 Bde., Stuttgart-Degerloch 1984; Neudr. Stuttgart 1989.

Jahnke, Helmut: Edgar Julius Jung. Konservativer Revolutionär zwischen Tradition und Moderne (Politikwissenschaft 17), Pfaffenweiler 1998.

Jung, Edgar Julius: Deutschland und die konservative Revolution. Nachwort zu: Deutsche über Deutschland. Die Stimme des unbekannten Politikers, München 1932.

Karlauf, Thomas: Stefan George. Die Entdeckung des Charisma – Biographie, München 2007.

–: Stauffenberg. Porträt eines Attentäters, München 2019.

–: „Stauffenberg"-Vorabdruck: Ethos der Tat, in: https://www.faz.net/aktuell/feuilleton/buecher/stauffenberg-vorabdruck-ethos-der-tat-16078949.html (aktualisiert am 9.3.2019; Zugriff: 14.9.2019). [Karlauf 2019a]

–: Gewissen und Auflehnung, in: Frankfurter Allgemeine Zeitung, Nr. 166 vom 20. Juli 2019, S. 9. [Karlauf 2019b]

Kessler, Heinrich: Wilhelm Stapel als politischer Publizist. Ein Beitrag zur Geschichte des konservativen Nationalismus zwischen den beiden Weltkriegen, Nürnberg 1967.

Klemperer, Klemens von: Glaube, Religion, Kirche und der deutsche Widerstand gegen den Nationalsozialismus, in: Hermann Graml (Hg.), Widerstand im Dritten Reich. Probleme, Ereignisse, Gestalten, Frankfurt a. M. [2]1994, S. 140–156.

Kramarz, Joachim: Claus Graf Stauffenberg. Der Mann des Widerstandes gegen Hitler, Frankfurt a. M. 1965; Nachdr. München 1994.

Krebs, Albert: Fritz-Dietlof Graf von der Schulenburg. Zwischen Staatsraison und Hochverrat (Hamburger Beiträge zur Zeitgeschichte, 2), Hamburg 1964.

Krolak, Steven: Der Weg zum Neuen Reich. Die politischen Vorstellungen von Claus Stauffenberg – Ein Beitrag zur Geistesgeschichte des deutschen Widerstands, in: Jürgen Schmädeke/Peter Steinbach (Hg.), Der Widerstand gegen den Nationalsozialismus. Die deutsche Gesellschaft und der Widerstand gegen Hitler, München/Zürich (1985) [2]1994, S. 546–559.

KROLL, Frank-Lothar: Die Reichsidee im Nationalsozialismus, in: Franz BOSBACH/Hermann HIERY (Hg.), Imperium-Empire-Reich. Ein Konzept politischer Herrschaft im deutsch-britischen Vergleich. An Anglo-German Comparison of a Concept of Rule (Prinz-Albert-Studien, 16), München 1999, S. 179–196.

LANGEWIESCHE, Dieter: Reich, Nation und Staat in der jüngeren deutschen Geschichte, in: Historische Zeitschrift 254 (1992), S. 341–381.

LEBER, Annedore: Das Gewissen steht auf. 64 Lebensbilder aus dem deutschen Widerstand 1933–1945, Berlin/Frankfurt a. M. 1954.

– (Hg.): Das Gewissen entscheidet. Bereiche des deutschen Widerstandes von 1933–1945 in Lebensbildern, Berlin/Frankfurt a. M. 1957.

MALINOWSKI, Stephan: Vom König zum Führer. Der deutsche Adel und der Nationalsozialismus, Frankfurt a. M. 2003.

MOELLER VAN DEN BRUCK, Arthur: Das dritte Reich, Berlin 1923.

MOHLER, Armin: Die konservative Revolution in Deutschland 1918–1932. Ein Handbuch, 2. völlig neu bearbeitete und erweiterte Fassung, Darmstadt 1972.

MOLTKE, Helmuth James von: Briefe an Freya 1939–1945, hg. von Beate RUHM VON OPPEN, München 1988.

MOMMSEN, Hans: Gesellschaftsbild und Verfassungspläne des deutschen Widerstandes [1966], in: Hermann GRAML (Hg.), Widerstand im Dritten Reich. Probleme, Ereignisse, Gestalten, Frankfurt a. M. 1984; Neuausgabe 1994, S. 14–91 und 244–253.

MÜHLEISEN, Horst: Hellmuth Stieff und der deutsche Widerstand, in: Vierteljahrshefte für Zeitgeschichte 39 (1991), S. 339–377.

MÜHLEN, Bengt von zur (Hg.): Die Angeklagten des 20. Juli vor dem Volksgerichtshof, Berlin-Kleinmachnow 2001

MÜLLER, Christian: Stauffenberg. Eine Biographie. Unveränd. Nachdruck der Ausg. 1970, Düsseldorf 2003.

MÜLLER, Klaus-Jürgen: Der nationalkonservative Widerstand 1933–1940, in: ders. (Hg.), Der deutsche Widerstand 1933–1945, Paderborn u.a., 2. durchges. u. ergänzte Aufl. 1990, S. 40–59 und 222–225.

–/ Hans MOMMSEN: Der deutsche Widerstand gegen das NS-Regime. Zur Historiographie des Widerstandes, in: Klaus-Jürgen MÜLLER (Hg.), Der deutsche Widerstand 1933–1945, Paderborn [2]1990, S. 13–21 und 214–219.

NEUROHR, Jean F.: Der Mythos vom Dritten Reich. Zur Geistesgeschichte des Nationalsozialismus, Stuttgart 1957.

NORTON, Robert: Secret Germany. Stefan George and His Circle, Ithaca 2002.

OSTERKAMP, Ernst: Das Neue Reich, in: Achim AURNHAMMER et al. (Hg.), Stefan George und sein Kreis. Ein Handbuch, 3 Bde., Berlin/Boston (2012) [2]2016, Bd. 1, S. 203–217.

PARTSCH, Karl Josef: Stauffenberg. Das Bild des Täters, in: Europa-Archiv 5 (1950), 20. Juli 1950, S. 3196–3200.

PECHEL, Rudolf: Deutscher Widerstand, Zürich 1947.

PLUM, Günter: Widerstand und Resistenz, in: Martin BROSZAT/ Horst MÖLLER (Hg.), Das Dritte Reich. Herrschaftsstruktur und Geschichte. Vorträge aus dem Institut für Zeitgeschichte, München 1983, S. 248–273.

RAULFF, Ulrich: Kreis ohne Meister. Stefan Georges Nachleben, München 2009; TB-Ausgabe, München 2012.

REICH, Ines/Kurt FINKER: Potsdam und der 20. Juli 1944. Offiziere und Beamte im Widerstand gegen den Nationalsozialismus, in: Brandenburg in der NS-Zeit. Studien und Dokumente, hg. von Dietrich EICHHOLTZ, Berlin 1993, S. 322–354.

RIEDEL, Manfred: Geheimes Deutschland. Stefan George und die Brüder Stauffenberg, Berlin 2014 [zuerst 2006].

RINGSHAUSEN, Gerhard: Widerstand und christlicher Glaube angesichts des Nationalsozialismus, Münster (2007) [2]2008.

ROON, Ger van: Neuordnung im Widerstand. Der Kreisauer Kreis innerhalb der deutschen Widerstandsbewegung, München 1967.

Rothfels, Hans: The German Opposition to Hitler, Hinsdale 1948; deutsch in erweiterter Fassung: Die deutsche Opposition gegen Hitler. Eine Würdigung, Krefeld 1949; Frankfurt a. M. [3]1969.

Schacht, Hjalmar: 76 Jahre meines Lebens, Bad Wörishofen (1953) [3]1953.

Scheuer, Helmut: „Bekenntnis zu Deutschland"? – Die Schriftsteller und die deutsche Nation in der Weimarer Republik, in: Gerd Langguth (Hg.), Die Intellektuellen und die nationale Frage, Frankfurt a. M./New York 1997, S. 125–146.

Scheurig, Bodo: Ewald von Kleist-Schmenzin. Ein Konservativer gegen Hitler, Hamburg 1968.

–: Henning von Tresckow, in: Hermann Graml (Hg.), Widerstand im Dritten Reich. Probleme, Ereignisse, Gestalten, Frankfurt a. M. [2]1994, S. 230–238.

Schirrmacher, Frank: Das Geheimnis des Stefan George, in: Frankfurter Allgemeine Zeitung, Nr. 178 vom 3. August 2007, S. 33.

Schlabrendorff, Fabian von: Offiziere gegen Hitler. Neue, durchgesehene und erweiterte Ausg. von Walter Bussmann, nach der Edition von Gero von Gaevernitz, Berlin 1984; Neuausg. 1994.

Schlie, Ulrich: „Es lebe das heilige Deutschland" – *ein Tag im Leben des* Claus Schenk Graf von Stauffenberg. Ein biographisches Porträt, Freiburg i. Br. 2009.

Schöllgen, Gregor: Ulrich von Hassell 1881–1944. Ein Konservativer in der Opposition, München 1990.

Scholder, Klaus: Die Kirchen und das Dritte Reich, Bd. 1: Vorgeschichte und Zeit der Illusionen 1918–1934, Frankfurt a. M./Berlin/Wien 1977.

Schulthess, Konstanze von: Nina Schenk Gräfin von Stauffenberg. Ein Porträt, München/Zürich (2008) [2]2009.

Sontheimer, Kurt: Antidemokratisches Denken in der Weimarer Republik. Die politischen Ideen des deutschen Nationalismus zwischen 1918 und 1933, TB-Ausgabe der 2. Aufl., München 1978.

STAPEL, Wilhelm: Der christliche Staatsmann. Eine Theologie des Nationalismus, Hamburg 1932.

STAUFFENBERG, Alexander Graf Schenk von: Theoderich der Große und seine römische Sendung, in: Würzburger Festgabe: Heinrich Bulle dargebracht zum siebzigsten Geburtstag am 11. Dezember 1937 (Würzburger Studien zur Altertumswissenschaft, 13), Würzburg 1938, S. 115–129.

STAUFFENBERG, Berthold von: Mein Vater war ein treuer Katholik (https://www.katholisch.de/artikel/22367-berthold-von-stauffenberg-mein-vater-war-ein-treuer-katholik [18.7.2019, Zugriff: 15.11.2019]).

STEINBACH, Peter: Der Widerstand als Thema der politischen Zeitgeschichte. Ordnungsversuche vergangener Wirklichkeit und politischer Reflexionen [1986], in: ders., Widerstand im Widerstreit. Der Widerstand gegen den Nationalsozialismus in der Erinnerung der Deutschen. Ausgewählte Studien, Paderborn u.a. 1994, S. 39–102. [STEINBACH 1994a]

–: Widerstandsforschung im politischen Spannungsfeld, in: ders./Johannes TUCHEL (Hg.), Widerstand gegen den Nationalsozialismus, Berlin 1994, S. 597–622. [STEINBACH 1994b]

–: Wiederherstellung des Rechtsstaats als zentrale Zielsetzung des Widerstands, in: Jürgen SCHMÄDEKE/Peter STEINBACH (Hg.), Der Widerstand gegen den Nationalsozialismus. Die deutsche Gesellschaft und der Widerstand gegen Hitler, München/Zürich (1985) ²1994, S. 617–636.

–: Claus von Stauffenberg. Zeuge im Feuer, Leinfelden-Echterdingen 2007.

–: Claus Schenk Graf von Stauffenberg. Wagnis – Tat – Erinnerung, Stuttgart 2015.

STROHM, Christoph: Theologische Ethik im Kampf gegen den Nationalsozialismus. Der Weg Dietrich Bonhoeffers mit den Juristen Hans von Dohnanyi und Gerhard Leibholz in den Widerstand, München 1989.

–: Die Bedeutung von Kirche, Religion und christlichem Glauben im Umkreis der Attentäter des 20. Juli 1944, in: Zeitschrift für Kirchengeschichte 108 (1997), S. 213–235.

–: Die Kirchen im Dritten Reich (bw 2720), München (2011) ³2020.

TRESCKOW, Henning von: Rede zur Konfirmation seiner Söhne, in: Sigrid GRABNER/Hendrik RÖDER (Hg.), Henning von Tresckow. Ich bin, der ich war. Texte und Dokumente, Berlin (2001) ³2005, S. 49–53.

UEBERSCHÄR, Gerd R. (Hg.): Der 20. Juli 1944. Bewertung und Rezeption des deutschen Widerstandes gegen das NS-Regime, Köln 1994.

WETTE, Wolfram: Für Vaterland und Wehrmacht. Biographie, in: Frankfurter Rundschau, 9.3.2019, S. 35.

WILDT, Ulrich: Ethos der Tat. Claus Graf Schenk Graf von Stauffenberg, in: Ursula BREYMAYER/Bernd ULRICH/Karin WIELAND (Hg.), Willensmenschen. Über politische Offiziere, Frankfurt a. M. (1999) ²2000, S. 134–152.

WOLTERS, Friedrich: Vier Reden über das Vaterland (Vom Sinn des Opfertodes für das Vaterland, Goethe als Erzieher zum vaterländischen Denken, Hölderlin und das Vaterland, Der Rhein unser Schicksal), Breslau 1927.

ZELLER, Eberhard: Geist der Freiheit. Der zwanzigste Juli, München [ca. 1952]; ⁵1965.

–: Oberst Claus Graf Stauffenberg. Ein Lebensbild. Nachdr. der 2. Aufl. 1994, mit einer neuen Einführung von Peter STEINBACH, Paderborn u. a. 2008.

Literatur zu Teil 3

ALBERTZ, Rainer: Ethnische und kultische Konzepte in der Politik Nehemias, in: Frank-Lothar HOSSFELD/Ludger SCHWIENHORST-SCHÖNBERGER (Hg.), Das Manna fällt auch heute noch. Beiträge zur Geschichte und Theologie des Alten Testaments, FS E. Zenger (HBS 44), Freiburg i. Br. 2004, S. 13–32.

–: Monotheism and violence, in: Jacques VAN RUITEN/J. Cornelis DE VOSS (Hg.), The Land of Israel in the Bible, History and Theology, Studies in Honor of Ed Noort (VT.S 124), Leiden 2009, 372–387.

–: Exodus, Band II: Ex 19–40 (Zürcher Bibelkommentare, AT 2.2), Zürich 2015.

–/ Bob BECKING (Hg.): Yahwism After the Exile. Perspectives on Israelite Religion in the Persian Era, Assen 2003.

ALTHOFF, Gerd: „Selig sind, die Verfolgung ausüben". Päpste und Gewalt im Hochmittelalter, Darmstadt 2013.

ALTHUSIUS, Johannes: Politica methodice digesta atque exemplis sacris et profanis illustrata. Cui in fine adiuncta est Oratio panegyrica de utilitate, necessitate et antiquitate scholarum, 3., erweit. Aufl., Herborn 1614; Faksimile-Reprint Aalen 1961 = 1981 [zuerst: Herborn 1603; 2., stark erweit. Aufl., Groningen 1610].

AMES, William: Conscience with the Power and Cases Thereof. Divided into Five Bookes, London 1643.

ANGENENDT, Arnold: Toleranz und Gewalt. Das Christentum zwischen Bibel und Schwert, Münster [3]2007.

–: Gewalttätiger Monotheismus – Humaner Polytheismus?, in: Stimmen der Zeit 2005/5, S. 319–328.

–: Die achsenzeitliche Wende und die christliche Ketzerbekämpfung. Oder die Unterscheidung von Person und Lehre, in: Jan-Heiner TÜCK (Hg.), Monotheismus unter Gewaltverdacht. Zum Gespräch mit Jan Assmann, Freiburg i. Br./Basel/Wien 2015, S. 124–147.

ASSMANN, Aleida: Erinnerungsräume. Formen und Wandlungen des kulturellen Gedächtnisses, München (1999) [3]2006.

–: Ist die Zeit aus den Fugen? Aufstieg und Fall des Zeitregimes der Moderne, München 2013.

–/ Jan ASSMANN (Hg.): Kanon und Zensur. Archäologie der literarischen Kommunikation II, München 1987.

ASSMANN, Jan: Kollektives Gedächtnis und kulturelle Identität, in: Ders./Tonio HÖLSCHER (Hg.), Kultur und Gedächtnis, Frankfurt a. M. 1988, S. 9–19.

–: Moses the Egyptian. The Memory of Egypt in Western Monotheism, Cambridge 1997.
–: Moses der Ägypter. Entzifferung einer Gedächtnisspur, Darmstadt 1998.
–: Monothéisme et mémoire. Le Moïse de Freud et la tradition biblique, in: Annales. Histoire, Sciences Sociales 54/4 (1999), S. 1011–1026.
– (Hg.): Religion und kulturelles Gedächtnis. Zehn Studien, München 2000.
–: Le traumatisme monothéiste, in: Le monde de la Bible 124 (2000), S. 28–35.
–: Moïse l'Egyptien. Un essai d'histoire de la mémoire, trans. Laure Bernardi, Paris 2001.
–: Die Mosaische Unterscheidung oder der Preis des Monotheismus, München/Wien 2003.
–: Monotheismus und die Sprache der Gewalt, in: Peter Walter (Hg.), Das Gewaltpotential des Monotheismus und der dreieine Gott (Quaestiones Disputatae, 216), Freiburg i. Br. 2005, S. 18–38.
–: Offener Leserbrief: Assmann distanziert sich, 5.7.2007, http://www.spiegelkritik.de/2007/01/05/offener-leserbrief-assmann-distanziert-sich/ [Zugriff: 10.1.2020]. [Assmann 2007a]
–: Le prix du monothéisme, trans. Laure Bernardi, Paris 2007. [Assmann 2007b]
–: Violence et Monothéisme, trad. Jacob Schmutz, Paris 2009.
–: Religio Duplex. Ägyptische Mysterien und europäische Aufklärung, Berlin 2010.
–: Religio duplex – comment les Lumières ont réinventé la religion des Égyptiens, Paris 2012.
–: Monotheismus und Gewalt. Eine Auseinandersetzung mit Rolf Schieders Kritik an ‚Moses der Ägypter', in: Rolf Schieder (Hg.), Die Gewalt des einen Gottes. Die Monotheismus-Debatte zwischen Jan Assmann, Micha Brumlik, Rolf Schieder, Peter Sloterdijk und anderen, Darmstadt 2014, S. 36–55. [Assmann 2014a]

–: Monotheismus ohne Mose? Rückfragen an Markus Witte, aaO., S. 117–123. [Assmann 2014b]
–: Monotheismus der Treue. Korrekturen am Konzept der „mosaischen Unterscheidung“ im Hinblick auf die Beiträge von Marcia Pally und Micha Brumlik, aaO., S. 249–266. [Assmann 2014c]
–: Autour de l'Exode. Monothéisme, différence et violence, in: Revue de l'histoire des religions 231 (2014), 5–26. [Assmann 2014d]
–: Mose und der Monotheismus der Treue. Eine Neufassung der „Mosaischen Unterscheidung“, in: Jan-Heiner Tück (Hg.), Monotheismus unter Gewaltverdacht. Zum Gespräch mit Jan Assmann, Freiburg i. Br./Basel/Wien 2015, S. 16–33.
–: Totale Religion. Ursprünge und Formen puritanischer Verschärfung, Wien (2016) [3]2018.
–: Das kulturelle Gedächtnis. Schrift, Erinnerung und politische Identität in frühen Hochkulturen (Beck'sche Reihe, 1307), München (1992) [8]2018.
Barth, Karl: Die protestantische Theologie im 19. Jahrhundert. Ihre Vorgeschichte und ihre Geschichte, Zürich [4]1981.
Baxter, Richard: A Holy Commonwealth, or Political Aphorisms, Opening the True Principles of Government, London 1659.
–: Practical Works in four volumes, vol. IV, London 1838.
Beck, Sandra: Jan Assmann (*1938), ‚Das kulturelle Gedächtnis. Schrift, Erinnerung und politische Identität in frühen Hochkulturen‘ (1992), in: KulturPoetik 11 (2011), S. 258–267.
Berlejung, Angelika, et al.: Die Apokryphen oder deuterokanonischen Bücher des Alten Testaments, in: Jan Gertz (Hg.), Grundinformation Altes Testament (UTB 2745), Göttingen (2006) [6]2019, S. 535–586.
Berner, Ulrich: Religionswissenschaft (historisch orientiert) (UTB 5297), Göttingen 2020.
Beutel, Albrecht: Aufklärung in Deutschland (Die Kirche in ihrer Geschichte, 4/Q2), Göttingen 1980.

BEZA, Theodor: De haereticis a civili Magistratu puniendis libellus, aduersus Martini Bellii farraginem, et nouorum Academicorum sectam, s. l. [Genf] 1554.

–: Lex Dei moralis, ceremonialis, et politica, ex libris Mosis excerpta, et in certas classes distributa, s. l. [Genf] 1577.

BIELEFELDT, Heiner: Von der päpstlichen Universalherrschaft zur autonomen Bürgerrepublik. Aegidius Romanus, Johannes Quidort von Paris, Dante Alighieri und Marsilius von Padua im Vergleich, in: Zeitschrift der Savigny-Stiftung für Rechtsgeschichte. Kanonistische Abteilung 73 (1987), S. 70–130.

BÖCKENFÖRDE, Ernst-Wolfgang: Der Begriff des Politischen als Schlüssel zum staatsrechtlichen Werk Carl Schmitts, in: ders., Recht, Staat, Freiheit. Studien zur Rechtsphilosophie, Staatstheorie und Verfassungsgeschichte (stw 914), Frankfurt a.M. (1991) 52013, S. 344–366.

BORNKAMM, Heinrich: Luther und das Alte Testament, Tübingen 1948.

BRIGHT, Pamela: Augustin im Donatistischen Streit, in: Volker Henning DRECOLL (Hg.), Augustin Handbuch, Tübingen 2007, S. 171–178.

BRUMLIK, Micha: Respektabel, aber falsch – Peter Sloterdijks Verschärfung von Jan Assmanns ‚Mosaischer Unterscheidung', in: Rolf SCHIEDER (Hg.), Die Gewalt des einen Gottes. Die Monotheismus-Debatte zwischen Jan Assmann, Micha Brumlik, Rolf Schieder, Peter Sloterdijk und anderen, Darmstadt 2014, S. 196–217.

BURKE, Peter: Die Geschichte der Annales. Die Entstehung der neuen Geschichtsschreibung, Berlin 2004.

CALVIN, Johannes: Opera quae supersunt omnia, hg. von Wilhelm BAUM/Eduard KUNITZ/Eduard REUSS, 59 Bde., Braunschweig/Berlin 1863–1900 [=CO].

–: Christianae religionis institutio [Ausgabe 1536], in: ders., Opera selecta, hg. von Peter BARTH/Wilhelm NIESEL/Dora SCHEUNER, 5 Bde., München 1926–36 [=OS], Bd. 1, S. 11–283.

–: Institutio christianae religionis [Ausgabe 1559], aaO., Bd. 3–5.

–: Christliche Glaubenslehre, nach der ältesten Ausgabe vom Jahre 1536, ins Deutsche übersetzt von Bernhard Spiess, Wiesbaden 1887; Reprint Zürich 1985.
–: Unterricht in der christlichen Religion. Institutio Christianae Religionis, Neukirchen-Vluyn (1955) ^{6}1997.
Chervel, Thierry: Die Monotheismusdebatte – Editorial (www.perlentaucher.de/blog/2013/01/29/die-monotheismusdebatte-editorial.html [Zugriff: 10.1.2020]).
Cohen, Charles L.: God's Caress. The Psychology of Puritan Religious Experience, New York 1986.
–: Art. Puritaner/Puritanismus I., in: RGG^{4} 6 (2003), S. 1831–1833.
Cook, John: Monarchy, No Creature of Gods Making, etc. Wherein is Proved by Scripture and Reason, That Monarchicall Government is Against the Minde of God, Waterford 1651.
Crüsemann, Frank: Die Tora. Theologie und Sozialgeschichte des alttestamentlichen Gesetzes, München 1992.
Deist, Ferdinand E.: The Dangers of Deuteronomy. A Page from the Reception History of the Book, in: Florentino García Martínez et al. (Hg.), Studies in Deuteronomy in Honour of C.J. Labuschagne on the Occasion of his 65th Birthday (VT.S 53), Leiden/New York/Köln 1994, S. 13–29.
Dilthey, Wilhelm: Das natürliche System der Geisteswissenschaften im 17. Jahrhundert, in: ders., Weltanschauung und Analyse des Menschen seit Renaissance und Reformation (Gesammelte Schriften, II), Stuttgart/Göttingen ^{6}1960, S. 90–245.
Dobbeler, Stephanie von: Die Bücher 1/2 Makkabäer (Neuer Stuttgarter Kommentar, AT 11), Stuttgart 1997.
–: Makkabäerbücher 1–4, in: Das wissenschaftliche Bibellexikon im Internet (http://www.bibelwissenschaft.de/stichwort/8764 [2016; Zugriff: 21.2.2020]).
Durkheim, Émile: Soziologie und Philosophie. Mit einer Einleitung von Theodor W. Adorno (stw 176), Frankfurt a.M. 1976.

Ebach, Jürgen: Das Erbe der Gewalt. Eine biblische Realität und ihre Wirkungsgeschichte (GTB 378), Gütersloh 1980.

Forst, Rainer: Toleranz im Konflikt. Geschichte, Gehalt und Gegenwart eines umstrittenen Begriffs, Frankfurt a. M. 2003.

Gaustad, Edwin S.: Liberty of Conscience. Roger Williams in America, Grand Rapids, MA 1991.

Gensichen, Hans-Werner: Damnamus. Die Verwerfung von Irrlehre bei Luther und im Luthertum des 16. Jahrhunderts (Arbeiten zur Geschichte und Theologie des Luthertums, 1), Berlin 1955.

Gertz, Jan Christian: Tora und Vordere Propheten, in: ders. (Hg.), Grundinformation Altes Testament (UTB 2745), Göttingen (2006) ^{4}2010, S. 193–311.

Goodwin, Thomas: A Glimpse of Sions Glory, or, the Churches Beautie Specified, London 1641.

Hackelsperger, Max: Bibel und mittelalterlicher Reichsgedanke. Studien zum Gebrauch der Bibel im Streit zwischen Kaisertum und Papsttum zur Zeit der Salier, Diss. phil. München 1934.

Hageneder, Othmar: Die Häresie des Ungehorsams und das Entstehen des hierokratischen Papsttums, in: RömHM 20 (1978), S. 29–47.

Halbwachs, Maurice: La mémoire collective, Paris (1939) 1950; dt.: Das kollektive Gedächtnis, Frankfurt a. M. 1991.

Hoffmann, Manfred (Hg.): Toleranz und Reformation (Texte zur Kirchen- und Theologiegeschichte, 24), Gütersloh 1979.

Jaspers, Karl: Vom Ursprung und Ziel der Geschichte, hg. von Kurt Salamun (Karl Jaspers Gesamtausgabe, I/10), Basel 2017.

Karrer, Christiane: Ringen um die Verfassung Judas. Eine Studie zu den theologisch-politischen Vorstellungen im Esra-Nehemia-Buch (BZAW 308), Berlin/New York 2001.

Koch, Christoph: Vertrag, Treueid und Bund. Studien zur Rezeption des altorientalischen Vertragsrechts im Deuteronomium und zur Ausbildung der Bundestheologie im Alten Testament (BZAW 383), Berlin/New York 2008.

KROCHMALNIK, Daniel: Totales Amalgam. Jan Assmann und sein neues Buch „Totale Religion“, in: Herder Korrespondenz 8/2017, S. 41–44.

LEPPIN, Volker: Das Theater als Kanzel. Beobachtungen zu einer absichtsvollen Bemerkung Lessings, in: ZThK 96 (1999), S. 77–93.

LOEWENICH, Walther von: Luther und Lessing (Sammlung gemeinverständlicher Vorträge und Schriften aus dem Gebiet der Theologie und Religionsgeschichte, 232), Tübingen 1960.

LUTHER, Martin: Werke. Kritische Gesammtausgabe, Weimar 1883 ff. [=WA].

Der Machabäer-Schrein, https://gemeinden.erzbistum-koeln.de/st_andreas_koeln/kirche/machabaeerSchrein/ [Zugriff: 21.2.2020].

MARSILIUS VON PADUA: Der Verteidiger des Friedens / Defensor pacis. Aufgrund der Edition von Richard SCHOLZ übersetzt, bearbeitet und kommentiert von Horst KUSCH; neu eingel. und hg. von Jürgen MIETHKE (Ausgewählte Quellen zur Geschichte des Mittelalters, 50), Darmstadt 2017.

MAYFIELD, Noel Henning: Puritans and Regicide. Presbyterian-Independent Differences Over the Trial and Execution of Charles (I) Stuart, Lanham, MD 1988.

MELANCHTHON, Philipp: Enarratio Symboli Niceni, 1550, in: Karl Gottlieb BRETSCHNEIDER/Heinrich Ernst BINDSEIL (Hg.), Corpus Reformatorum [=CR], Bd. 23, Braunschweig 1855, Sp. 193–584.

MÜLHAUPT, Erwin: D. Martin Luthers Evangelien-Auslegung, 2. Tl.: Das Matthäus-Evangelium (Kap. 3–25), Göttingen ²1954.

NELSON, Eric: The Hebrew Republic. Jewish Sources and the Transformation of European Political Thought, Cambridge/London 2010.

NOCK, Arthur Darby: Conversion. The Old and the New in Religion from Alexander the Great to Augustine of Hippo, Oxford 1933.

NORDHOFEN, Eckhard: In der Spur – Gedächtnis als Ereignis. Aleida und Jan Assmann erhalten den Friedenspreis des Deutschen Buchhandels, in: Stimmen der Zeit 143 (2018), S. 725–734.

OTTO, Eckart: Das Deuteronomium. Politische Theologie und Rechtsform in Juda und Assyrien (BZAW 284), Berlin/New York 1999.

PAKKALA, Juha: Ezra the Scribe. The Development of Ezra 7–10 and Nehemia 8 (BZAW 347), Berlin/New York 2005.

PALLY, Marcia: The Hebrew Bible is a Problem Set, in: Rolf SCHIEDER (Hg.), Die Gewalt des einen Gottes. Die Monotheismus-Debatte zwischen Jan Assmann, Micha Brumlik, Rolf Schieder, Peter Sloterdijk und anderen, Darmstadt 2014, S. 218–248.

PEČAR, Andreas: Macht der Schrift. Politischer Biblizismus in Schottland und England zwischen Reformation und Bürgerkrieg (1534–1642), München 2011.

–: Monarchie und Theokratie in England. Symbiose und Konkurrenz zweier Herrschaftsmodelle von der Reformation bis zum Bürgerkrieg, in: Kai TRAMPEDACH/Andreas PEČAR (Hg.), Theokratie und theokratischer Diskurs. Die Rede von der Gottesherrschaft und ihre politisch-sozialen Auswirkungen im interkulturellen Vergleich (Colloquia historica et theologica, 1), Tübingen 2013, S. 409–435.

PERKINS, William: A Case of Conscience, the Greatest That Euer was; How a Man May Knowe Whether he be the Child of God or no. Resolued by the Worde of God. Whereunto is Added a Briefe Discourse, Taken out of Hier. Zanchius, London 1592.

philosophie Magazin 2013, https://www.philomag.de/artikel/es-gibt-keine-wahre-religion [29.4.2018; Zugriff: 3.2.2020].

PILZ, Dirk: Jan Assmann ‚Exodus'. Die Gewalt des Monotheismus, in Frankfurter Rundschau 2015 (https://www.fr.de/kultur/literatur/gewalt-monotheismus-11688787.html [Zugriff: 3.2.2020]).

Pinker, Steven: Gewalt. Eine neue Geschichte der Menschheit, Frankfurt a. M. 2013.
Pitkin, Barbara: Calvin's Mosaic Harmony. Biblical Exegesis and Early Modern Legal History, in: Sixteenth Century Journal 49 (2010), S. 441–466.
Pollack, Detlef: Säkularisierung – ein moderner Mythos? Studien zum religiösen Wandel in Deutschland, Tübingen 2003.
–: Religion und Individualisierung. Kulturelle Wirkungen des Protestantismus, in: Ingolf U. Dalferth (Hg.), Reformation und Säkularisierung. Zur Kontroverse um die Genese der Moderne aus dem Geist der Reformation, Tübingen 2017, S. 141–174.
Reinhard, Wolfgang: Die Unterwerfung der Welt. Globalgeschichte der europäischen Expansion 1415–2015 (Historische Bibliothek der Gerda Henkel Stiftung), München 2016.
–: Globalisierung des Christentums? (Schriften der phil.-hist. Klasse der Heidelberger Akademie der Wissenschaften, 41), Heidelberg 2007.
Reinitzer, Heimo/Walter Sparn (Hg.): Verspätete Orthodoxie. Über D. Johann Melchior Goeze (1717–1786) (Wolfenbütteler Forschungen, 45), Wiesbaden 1989.
Saur, Markus: Monarchie und Theokratie in England. Symbiose und Konkurrenz zweier Herrschaftsmodelle von der Reformation bis zum Bürgerkrieg, in: Kai Trampedach/Andreas Pečar (Hg.), Die Bibel als politisches Argument. Voraussetzungen und Folgen biblizistischer Herrschaftslegitimation in der Vormoderne (Historische Zeitschrift. Beiheft, 43), München 2007, S. 19–35.
Schieder, Rolf: Sind Religionen gefährlich?, Berlin 2008.
–: Vorwort, in: ders. (Hg.), Die Gewalt des einen Gottes. Die Monotheismus-Debatte zwischen Jan Assmann, Micha Brumlik, Rolf Schieder, Peter Sloterdijk und anderen, Darmstadt 2014, S. 7–13. [Schieder 2014a]
–: Mose, der Politiker. Die Sinaierzählung als ein Kapitel politischer Theologie, in: ders. (Hg.), Die Gewalt des einen Gottes. Die Monotheismus-Debatte zwischen Jan Assmann,

Micha Brumlik, Rolf Schieder, Peter Sloterdijk und anderen, Darmstadt 2014, S. 150–174. [Schieder 2014b]

Schilson, Arno: Lessings Christentum (Kleine Vandenhoeck-Reihe, 1463), Göttingen 1980.

Schindler, Alfred: Die Unterscheidung von Schisma und Häresie in Gesetzgebung und Polemik gegen den Donatismus (mit einer Bemerkung zur Datierung von Augustins Schrift Contra epistulam Permeniani), in: Ernst Dassmann/Karl Suso Frank (Hg.): Pietas. Festschrift für Bernhard Kötting (Jahrbuch für Antike und Christentum. Ergänzungsbd. 8), Münster 1980, S. 228–236.

Schmitt, Carl: Der Begriff des Politischen. Synoptische Darstellung der Texte, hg. von Marco Walter, Berlin 2018.

Schmitz, Matthias: Die Freund-Feind-Theorie Carl Schmitts. Entwurf und Entfaltung (Ordo Politicus, 3), Köln/Opladen 1965.

Schreiner, Klaus: Art. Toleranz I.–X., in: Geschichtliche Grundbegriffe. Historisches Lexikon zur politisch-sozialen Sprache in Deutschland, Bd. 6, Stuttgart 1990, S. 445–605.

Schulz, Matthias: Das Testament des Pharao, in: Der Spiegel 52/2006, S. 113–117 und 119–123.

Shaw, Brent: Sacred Violence. African Christians and Sectarian Hatred in the Age of Augustine, Cambridge 2011.

Signori, Gabriela (Hg.): Dying for the Faith, Killing for the Faith. Old Testament Faith-Warriors (1 and 2 Maccabees) in Historical Perspective, Leiden 2012.

Sloterdijk, Peter: Gottes Eifer. Vom Kampf der drei Monotheismen, Frankfurt a. M./Leipzig 2007.

–: Im Schatten des Sinai. Fußnote über Ursprünge und Wandlungen totaler Mitgliedschaft (edition suhrkamp, 2672), Berlin 2013.

–: Im Schatten des Sinai. Fußnote über Ursprünge und Wandlungen totaler Mitgliedschaft, in: Rolf Schieder (Hg.), Die Gewalt des einen Gottes. Die Monotheismus-Debatte zwischen Jan Assmann, Micha Brumlik, Rolf Schieder, Peter Sloterdijk und anderen, Darmstadt 2014, S. 124–149.

STAMMLER, Wolfgang F. (Hg.): Das Manifest der Toleranz. Sebastian CASTELLIO, Über Ketzer und ob man sie verfolgen soll. Aus dem Lateinischen von Werner STINGEL, mit einer historischen Darstellung von Hans R. GUGGISBERG, Essen 2013.

STRENGER, Carlo: Ist der Monotheismus ein Fluch? Gedanken zu Jan Assmanns ‚Exodus', in: NZZ vom 23.4.2015 (https://www.nzz.ch/meinung/kolumnen/ist-der-monotheismus-ein-fluch-gedanken-zu-jan-assmanns-exodus-ld.89216 [Zugriff: 3.2.2020]).

STIPP, Hermann-Josef (Hg.): Das deuteronomistische Geschichtswerk (Österreichische biblische Studien, 39), Frankfurt a.M. u.a. 2011.

STROHM, Christoph: Philipp Melanchthon – Reformator und Humanist, in: Gerhard BINDER (Hg.), Philipp Melanchthon. Exemplarische Aspekte seines Humanismus (Bochumer Altertumswissenschaftliches Kolloquium, 32), Trier 1998, S. 9–46.

–: Zugänge zum Naturrecht bei Melanchthon, in: Günter FRANK (Hg.), Der Theologe Melanchthon (Melanchthon-Schriften der Stadt Bretten, 5), Stuttgart 2000, S. 339–356.

–: Calvin und die religiöse Toleranz, in: Martin E. HIRZEL/Martin SALLMANN (Hg.), 1509 – Johannes Calvin – 2009. Sein Wirken in Kirche und Gesellschaft. Essays zum 500. Geburtstag (Beiträge zu Theologie, Ethik und Kirche, 5), Zürich 2008, S. 219–236.

–: Johannes Calvin. Leben und Werk des Reformators (Beck Wissen, bsr 2469), München 2009.

–: Theokratisches Denken bei calvinistischen Theologen und Juristen am Beginn der Moderne?, in: Kai TRAMPEDACH/Andreas PEČAR (Hg.), Theokratie und theokratischer Diskurs. Die Rede von der Gottesherrschaft und ihre politisch-sozialen Auswirkungen im interkulturellen Vergleich (Colloquia historica et theologica, 1), Tübingen 2013, S. 389–408.

TOTZECK, Markus M.: Die politischen Gesetze des Mose. Entstehung und Einflüsse der *politia-judaica*-Literatur in der Frühen Neuzeit (Refo500 academic studies, 49), Göttingen 2019.

TÜCK, Jan-Heiner: Verborgene Menschheitsreligion? Jan Assmann oder der Preis des Kosmotheismus, in: ders. (Hg.), Monotheismus unter Gewaltverdacht. Zum Gespräch mit Jan Assmann, Freiburg i. Br./Basel/Wien 2015, S. 212–245.

WALLRAFF, Martin: Sonnenkönig der Spätantike. Die Religionspolitik Konstantins des Großen, Freiburg i. Br./Basel/Wien 2013.

WALTER, Peter: Einführung, in: ders. (Hg.), Das Gewaltpotential des Monotheismus und der dreieine Gott (Quaestiones Disputatae, 216), Freiburg i. Br. 2005, S. 7–15.

WELTECKE, Dorothea: Müssen monotheistische Religionen intolerant sein? Drei Ringe, Drei Betrüger und der Diskurs der religiösen Vielfalt im Mittelalter, in: Rolf SCHIEDER (Hg.), Die Gewalt des einen Gottes. Die Monotheismus-Debatte zwischen Jan Assmann, Micha Brumlik, Rolf Schieder, Peter Sloterdijk und anderen, Darmstadt 2014, S. 301–324.

WIECKENBERG, Ernst-Peter: Johan Melchior Goeze (Hamburger Köpfe), Hamburg 2007.

WILLIAMS, Roger: The Bloudy Tenent of Persecution, for Cause of Conscience, Discussed, in a Conference Betweene Truth and Peace, London 1644.

WITTE, Markus: Von der Weisheit des Glaubens an den einen Gott – eine Skizze zu historischen Anfängen und theologischen Ausgestaltungen des Monotheismus im Alten Testament, in: Rolf SCHIEDER (Hg.), Die Gewalt des einen Gottes. Die Monotheismus-Debatte zwischen Jan Assmann, Micha Brumlik, Rolf Schieder, Peter Sloterdijk und anderen, Darmstadt 2014, S. 79–116.

WOLGAST, Eike: Geschichte der Menschen- und Bürgerrechte, Stuttgart 2009.

ZENGER, Erich: Der Mosaische Monotheismus im Spannungsfeld von Gewalttätigkeit und Gewaltverzicht. Eine Replik auf Jan Assmann, in: Peter WALTER (Hg.), Das Gewaltpotential des Monotheismus und der dreieine Gott, Freiburg i. Br. u. a. 2005, S. 39–73.

Register

Bibelstellen

Personen*

* Namen von Autoren bis einschließlich des 18. Jahrhunderts sind in jedem Fall aufgenommen. Später lebende Personen werden nur berücksichtigt, soweit sie im Haupttext vorkommen. Nicht aufgeführt sind Claus von Stauffenberg, Jan Assmann und Thomas Karlauf.

Sachen